경북의 종가문화 7

의리와 충절의 400년,
안동 학봉 김성일 종가

경북의 종가문화 [7]

의리와 충절의 400년,
안동 학봉 김성일 종가

기획 | 경상북도·경북대학교 영남문화연구원
지은이 | 이해영
펴낸이 | 오정혜
펴낸곳 | 예문서원

편집 | 유미희
디자인 | 김세연
인쇄 및 제본 | (주) 상지사 P&B

초판 1쇄 | 2011년 12월 23일

주소 | 서울시 성북구 안암동 4가 41-10 건양빌딩 4층
출판등록 | 1993. 1. 7 제6-0130호
전화 | 925-5914 / 팩스 | 929-2285
홈페이지 | http://www.yemoon.com
이메일 | yemoonsw@empas.com

ISBN 978-89-7646-275-6 04980
ISBN 978-89-7646-268-8(전10권)
ⓒ 경상북도 2011 Printed in Seoul, Korea

값 15,000원

경북의 종가문화 7

의리와 충절의 400년,
안동 학봉 김성일 종가

이해영 지음

예문서원

지은이의 말

    종가는 학문과 덕행이 세상의 본보기가 된 빛나는 조상의 맏아들로 이어 온 집을 일컫는다. 그 조상의 후손들은 대부분 새로이 한 파派를 이루므로, 그 빛나는 조상은 파의 첫 조상으로 받들어지고, 대개 불천위로 모셔진다. 그 후손들의 집단을 파조의 이름이나 호를 붙여 누구 가문이라 한다. 문중은 파의 첫 조상의 후손들로 이루어진 가문의 조직으로, 가문의 여러 일을 문중회의라는 공론의 장에서 논의하고 결정한다. 종가는 파의 첫 조상의 맏아들 맏손자로 이어지는 파의 맏집이므로, 혈통의 정통성을 지니게 된다. 종가는 그 정통성으로써 가문과 그 조직인 문중의 중심에 서며, 문중은 중심의 종가를 에워싸고 종가가 제대로 노릇할 수 있도록 돕고 보호한다. 문중의 이러한 역할은 혈통의 정통성을 수호하는 일이며 빛나는 조상을 받드는 일이다. 종가는, 단지 맏집으로서 가문의 중심에 서 있다는 사실만으로는 종가다울 수 없다. 종가로서의 역할을 제대로 해야만 종가다울 수 있다. 빛나는 조상의 혈통을 맏집으로 이었다는 혈통의 정통성뿐만 아니라, 그 조상이 지녔던 정신과 덕행도 제대로 이어 가야 종가 역할을 다하는 것이다.

    종가의 중심은 종손이다. 혈통의 정통성으로 보면 종가의 맏아들인 종손은 종가의 대표요, 문중의 대표이자 가문의 대표이다. 그래서 종가는 한 파의 맏집이라는 사적私的인 지위를 지니는 동시에 한 파의 대표 집이라는 공적公的인 위상을 갖는다. 종손 또한 맏집의 맏아들이라는 사적인 지위를 지니는 동시에 가문의 맏아들이라는 공적인 위상을 갖는다. 종가와 종손은 사적인 지위와 공적인 위상을 같이 지니므로, 종손의 처신은 단순히 한 개인의 처신으로 받아들여지지 않는다. 종가의 뜻과 선택 또한 한집의 그것에 그치지 않고 가문 전체의 뜻과 선택으로 받아들여진다. 종손은 지손들의 얼굴이고, 종가는 가문의 얼굴이기 때문이다.

    빛나는 조상의 맏집으로 그 정통성을 이은 종가라는 것은 긍지를 지닐 만큼 충분히 자랑스러운 일이다. 반면에 종가에는 그 긍지만큼의 무게가 더해진다. 빛나는 조상을 둔 가문의 맏아들인 종손은 넉넉한 자부심을 지녀도 될 만큼 명예로운 위치다. 이

자부심과 명예는 종손 자신이 살아가는 데 큰 힘이 되고 딛고 일어서는 디딤돌이 되기도 하지만, 자칫하면 스스로를 얽어매는 명에가 되고 걸려 넘어지는 걸림돌이 되기도 한다. 게다가 종손은 어지간히 처신을 잘하지 않으면 누구 종손답지 못하다며 비판의 대상이 되기 일쑤이다. 보통 사람이라면 그냥 넘어갈 수도 있는 조그만 잘못도 조상에 빗대어 누구 종손이 어떻다는 소리를 듣기 마련이다. 늘 조심하여 처신해야만 '그 조상에 그 자손'이라는 말을 들을 수 있다.

종손은 배의 키잡이와 같다. 키잡이가 노릇을 어떻게 하느냐에 따라 종가와 문중이 발전의 방향으로 나갈 수도 있고, 쇠퇴의 길을 걸을 수도 있다. 그러므로 문중은 종가와 종손이 역할을 잘하면 더 잘하도록 격려해 주고, 역할이 아쉬우면 잘할 수 있도록 힘을 보태야 한다. 문중이 종가와 종손을 어떻게 대우하고 돌보는가에 따라 그 가문이 흥성하느냐 그렇지 못하느냐가 결정된다. 반대로 종손과 종가가 문중에 대하여 부끄럼 없이 행동하느냐 그렇지 않느냐에 따라 문중의 종가와 종손에 대한 태도가 달라진다.

학봉종가는 빛나는 조상을 둔 종가 중에서도 남다른 종가이다. 파의 첫 조상인 학봉 김성일이 나라를 위해 전쟁터에서 목숨을 바쳤을 뿐만 아니라 조선조 학문의 종장 퇴계 이황의 뒤를 이은 학맥의 첫머리에 우뚝 솟은 봉우리였고, 김성일의 11대 종손 김흥락이 그 학맥의 마지막에 큰 봉우리가 되어 마무리했기 때문이다.

400년이 넘는 학봉종가의 역사는 조상의 빛나는 의리정신을 잘 이어 온 역사이다. 그러나 그 세월이 오랜 만큼 곡절 많은 사건이 있었고, 견디기 힘든 고난의 시간도 있었다. 학봉종가는 나라가 외적의 침략으로 위태로울 때 비롯하였고, 종가의 역사에서 가장 고단했던 시절 또한 나라의 위기와 함께하였다. 학봉종가는 시대의 요구에 따라 그 시대의 역사에 거리낌 없이 동참한 것이다. 이 종가는, 빛나는 선조의 의리와 나라를 위한 활동이 나라의 존망이 걸렸을 때 가장 크게 빛을 발했던 것처럼, 나라가 어려울 때마다 선조의 의리정신에 따라 행동하여 빛을 발했고, 근대의 항일독립운동에서 다시 한 번 두드러지게 빛났다.

조상을 잘 섬기고 조상을 빛내는 것은 자손들의 몫이다. 우리는 그것을 효라고 한다. 『효경』에는 "떳떳한 사람이 되어 누구 자손이 훌륭하다는 말을 듣는 것이 효의 마침이다"라고 하였다. 하지만 그에 그치지 않는다. 조상이 빛나는 행실과 정신을 남겨 후손들의 본보기가 되었던 것처럼, 그 정신을 이어받아 후손들의 본보기가 되도록 행동하는 일이야말로 진정한 효가 아닐까 한다. 그래서 "조상치레하지 말고 자손치레하라"는 말이 있는 것이다. 빛나는 조상만을 들먹이면서 현재를 반듯하게 살지 않는 것은 그 조상을 욕보이는 일일 뿐이다. 제사의 축문에 효손 ○○,

효 몇 대손 ○○라 쓴다. 이는 조상에 대한 제사가 단순한 의례가 아니라, 그 조상 앞에서 스스로 부끄럽지 않고 후손의 본보기가 되며 자손들의 화목을 이룰 것을 다짐하는 행위라는 사실을 잘 알려 준다.

학봉 김성일의 삶과 학문과 덕행은 한 개인의 사적인 범위를 넘어서서 공의 역할에 성큼 다가선 것이었다. 그는 나라가 위기에 빠진 현장에서 충절의 삶을 마감하였고, 퇴계학의 전개에서 가장 중심이 되는 학파를 열었다. 그 학파는 학맥을 이루어 널리 뻗어 나갔고 퇴계학파의 정맥으로 받아들여졌다. 그 바탕은 무엇이었을까? 유학적인 해석을 하자면 그 바탕은 수양과 학문으로 마음을 사의 수준에서 공의 수준으로 끌어올린 데에 있다. 그것은 바로 의리의 실천으로, 나라와 백성을 위하는 정신으로 나타나 나라가 어려울 때 빛을 발했고, 자손들에게 이어져 자손들 또한 나라에 어려움이 닥치면 의리와 충절의 실천으로 조상을 빛냈던 것이다.

이 책은 종가문화의 당대적 기록과 대중 보급, 주요 종가의 소개 및 홍보를 위하여 경상북도에서 시행하는 사업의 일환으로, 경북대학교 영남문화연구원이 기획하여 만드는 것이다. 쉽게, 재미있게, 알차게 쓰라는 것이 영남문화연구원의 주문이지만 필자의 능력이 그에 크게 미치지 못했다. 또한 연구원에서는 글을 쓰는 데 있어 느슨한 통일성을 갖되 정해진 집필 주제와 내용에 대하여 가능한 한 빠짐없이 서술하기를 바랐다. 이 점은 더욱 어려운 주문이고 필자의 능력을 벗어나는 일이다. 그래서 특히 자연환경, 건축, 민속 관련 주제는 그 방면 전문가의 글을 필자가 이해할 수 있는 범위에서 참고하거나 인용할 수밖에 없었다. 그런데 이 책의 성격상 인용하거나 참고한 내용에 일일이 주석을 붙이는 것은 마땅한 일도 아니고 기획 의도에도 어긋나는 일이어서, 고민 끝에 뭉뚱그려 도움 받은 문헌과 그 필자들을 밝힐 수밖에 없다고 생각하였다. 그분들이 널리 헤아려 주시기를 바랄뿐이다.

전체적으로 도움 받은 책은 학봉종가에 대하여 많은 소개를 하고 있는 조용헌의 『500년 내력의 명문가 이야기』이다. 학봉종가가 있는 마을과 그 역사를 다룬 제1장에 관해서는 안동대학교 안동문화연구소에서 낸 『안동금계마을』을 주로 참고하였다. 자연 경관에 관하여는 이효걸의 「천등산이 상생하는 마을」을, 마을의 역사에 관한 사항은 정진영의 「온유한 숨결에 깃든 도도한 기백의 역사」를, 금계에 살았던 인물들에 관하여는 안병걸의 「금계를 열어간 인물들」과 주승택의 「선비정신의 형상화」를 참고하였다. 학봉종가의 문화를 다룬 제3장의 불천위 제사는 국립문화재연구소에서 편찬한 『종가의 제례와 음식1-의성김씨 학봉 김성일 종가-』를 참고하였다. 여기에 실린 학봉 불천위 제사에 관한 기록은 2002년 불천위 고위 제사이다. 제3장의 외손봉사와 혼반에 관련해서는 안동대학교 민속학연구소가 펴낸 『안동양반의 생활문화』에 실린 김미영의 「안동양반의 가족과 친족생활」과 앞의 『안동금계마을』에 실린 한양명의 「유연한 민속 여유로운 생활」을 많이 참고하였다. 김미영의 글은 불천위 제사를 소개하는 데에도 큰 도움이 되었다. 제3장 학봉종가의 유물과 문헌 가운데 보물 제905호 운장각 소장 전적에 관한 소개는 『계간서지학보季刊書誌學報 2』에 실린 이정섭의 논문 「학봉鶴峰 김성일종손가소장 전적金誠一宗孫家所藏典籍 - 지정문화재指定文化財 중심中心으로 - 」를 참고하였다.

또한 안동시청에서 펴낸 『검제 전통문화체험마을조성 기본계획 조사용역보고서』와 학봉종택에서 낸 『400년을 이어온 학봉 선생 고택의 구국활동』, 의성김씨 금계문중에서 낸 『검제마을』, 학봉선생기념사업회에서 낸 『운장각』을 참고하였고, 졸저 『학봉 김성일의 생각과 삶』을 일부 요약 정리하여 실었다. 그 밖에 강윤정의 박사학위 논문, 권오영의 논문 등 참고문헌에 소개한 여러 책들도 참고하였다.

안동지역에는 종가가 많다. 안동에 살다 보니 여러 종가 소식도 자연스레 듣게 되고, 각 종손에 대한 지역 사람들의 평판도 어쩔 수 없이 듣는 경우가 있다. 전 종손이 계실 적에 학봉종가는 역시 학봉종가답다는 말을 많이 들었다. 학봉종가는 아직도 종가답다. 앞으로도 학봉종가답다는 말을 들어야 할 것이다. 나아가 종손의 바람대로 으뜸 종가가 되어야 하고, 그렇게 되기를 바란다.

5월 23일
이해영

차례

지은이의 말 _ 4

제1장 영원히 쇠하지 않는 땅 _ 14
    1. 영원한 땅 금계 _ 16
    2. 금계에 살았던 사람들 _ 22

제2장 학봉종가의 400년 _ 30
    1. 학봉 김성일의 학문과 삶 _ 32
    2. 학봉의 후예들 _ 66

제3장 학봉종가의 문화 _ 94
    1. 학봉종가에 전하는 문헌과 유물 _ 97
    2. 학봉 불천위 제사 _ 110
    3. 학봉종가의 외손봉사 _ 125
    4. 학봉 문중의 보종의식 _ 129
    5. 학봉종가의 혼반 _ 133

제4장 학봉종가의 건축 _ 144

    1. 학봉종택 _ 147

    2. 석문정사 _ 156

    3. 임천서원 _ 161

    4. 소계서당 _ 164

제5장 학봉종가의 오늘과 내일 _ 168

    1. 어제, 아직도 짙은 그림자 _ 171

    2. 오늘, 종손의 생각 _ 185

    3. 내일, 으뜸 종가의 바람 _ 190

제1장 영원히 쇠하지 않는 땅

1. 영원한 땅 금계

학봉 김성일 종가가 자리한 금계마을을 안동 사람들은 검제라 부른다. 안동 시내에서 서쪽 예천 방향으로 5km쯤 가면 솔밤다리에 이른다. 이 다리는 옛날 고려시대 공민왕이 홍건적을 피해 안동으로 잠시 피난하였을 적에, 왕비 노국공주의 발이 물에 젖지 않도록 마을의 아녀자들이 허리를 굽혀 다리를 만들어 건너게 했다는 '놋다리밟기'의 전설이 깃든 송야천을 가로지른 다리이다. 솔밤다리를 건너서 오른쪽으로 제방을 따라 북쪽으로 2km 남짓 가면 안동시 서후면 금계리, 흔히 검제라 부르는 마을에 다다른다.

금계는 산세가 웅장하거나 풍광이 도드라지지 않은 대신, 나

금계 전경

지막한 산들이 마을을 감싸 안아 포근하며 햇빛이 잘 들어 밝고 따뜻하다. 안동의 산들은 웅장한 산은 많지 않으나 그리 크지 않은 산들이라도 가파르게 비탈져 있는 경우가 적지 않은데, 금계의 산들은 그저 동글동글 너그럽기만 하다. 금계에는 얕은 산자락을 따라 빚어진 작은 골짜기 사이사이에 대여섯 가구 남짓한 작은 마을들이 자리를 잡고 있다. 그 마을들이 전체적으로 어우러져 금계라는 큰 마을을 이룬다. 그래서 흔히 '열두 검제'라고 한다.

 금계는 산굽이마다 골골이 몇 가구씩 그 등성이에 기대어 있는 마을이므로, 남쪽으로 어느 정도 떨어진 높은 곳에 올라가서 바라보지 않으면 마을의 전체 모습을 조망하기 어렵고, 더구나 어지간한 눈길이 아니면 그 특색을 잡아내기 쉽지 않다. 그래서 안동 사람들은 예전부터 "들을 검제지 볼 검제는 아니더라"라고 말해 왔다. 이는, 금계는 감탄을 자아낼 만한 멋진 풍광이나 크고

제1장 영원히 쇠하지 않는 땅 _ 17

번성한 마을 등 볼거리가 넉넉한 것이 아니라 훌륭한 인물들이 많이 나서 들을 거리가 많다는 얘기이다.

16세기에 만들어진 안동향토지 『영가지永嘉誌』는 금계에 대하여 "금지촌金地村은 속명으로 금음지今音知 또는 금계金溪라 한다. 부 서쪽 20리에 있다. 예로부터 영원히 쇠하지 않는 땅(千年不敗之地)이라 일러 왔다"라고 하였다. 또한 19세기 후반 김헌락金獻洛(1826~1877)이 쓴 마을지 『금계지金溪誌』에는 "금계는 일명 금지金池로 옛날에는 금제琴堤라 하였으며, 특히 금琴이라는 방언의 뜻이 검黔(검다)이기 때문에 속칭 검제黔堤라고도 했다. 혹자는 옛날에 시내가 둘로 갈라져 물속에 마을이 열리고 그 모양이 거문고 형상과 같다고 하여 그렇게 불렀으나 후에 문소김씨(義城金氏)가 이곳에서 번성하여 지금의 이름으로 고쳤다고 하는데, 옳은지 그른지 알 수 없다"라고 하였다.

위의 두 내용을 아울러 보면, 옛날에는 이 마을의 공식 이름이 금지촌이었고 금음지, 금지, 금제, 검제가 속명으로 함께 쓰이다가, 의성김씨가 번성한 이후 점차 금계가 공식 이름이 되고 검제가 속명으로 사용되었음을 알 수 있다. 오늘날도 공식적인 마을 이름은 금계지만 사람들은 검제라는 속명을 주로 쓰고 있다.

금계를 검제라 부르는 데 대해 흥미로운 주장이 있다. 이효걸은 "검제가 무엇을 의미하는지 정확히 알 수는 없지만, 검제란 금계지에서 지적한 것처럼 검다는 뜻이므로, 검제는 검은 언덕으로 보아야 한다. 밝고 따뜻하게 보이는 금계마을을 검제라고 부르는 이유는 멀리 높은 곳에서 금계마을을 조망하면 마을은 천등산 조골산 학가산을 상단으로 하고 상산 주봉산을 중단으로 한 배경 아래 평원에 가까운 짙푸른 언덕에 위치하고 있기 때문이다. 그러므로 검제는 안동을 지키는 학가산과 천등산 두 산 아래에 있는 짙푸른 언덕마을, 그림자 드리운 언덕마을이며, 검제를 알려면 검제에 들어가서가 아니라 멀리서 안동 전체를 감싸고 있는 기운을 바라보아야 한다"라고 하였다.

그러면 별다른 특색이 없는 금계가 '영원히 쇠하지 않는 땅'이라 불린 이유는 무엇일까? 오랜 마을의 역사에서 인물이 많이 났다는 뜻일까? 아니면 사람들이 깃들어 살기 좋은 땅이라는 의미일까? 금계마을의 역사와 자연환경을 살펴보건대 두 뜻을 다 지니고 있다고 보는 것이 좋을 것 같다. 『논어』에 "어진 사람은 산을 좋아하고 슬기로운 사람은 물을 좋아한다"라고 하였다. 산과 물은 사람의 삶과 인격에 영향을 미친다는 뜻을 담고 있는 말이다. 그리 보면 금계에서 역사에 기록될 만한 인물들이 많이 났다는 것은 금계의 산과 물이 어질고 슬기로운 사람을 낳고 품을 만한 기운을 지니고 있다는 것을 뜻한다. 또한 금계마을에 살았던 사람들이 풍수를 알았든 몰랐든 금계의 산과 물의 기운에 어울린 삶을 살았다는 의미이다. 한편으로는 금계에 학문의 전통이 끊이지 않았다는 의미이기도 하다.

열두 검제가 천년 동안 쇠하지 않는 영원한 땅이 되는 힘은 금계의 산기운을 거슬러 올라가 보면 그 주산인 상산과 주봉산에서 나오는데, 상산과 주봉산의 기운은 천등산에서 비롯하며, 천등산은 백두대간의 태백산에서 옥돌봉, 문수봉, 용수산, 예고개, 옥산을 거쳐 내려온 맥이므로, 금계까지 이어지는 산기운의 흐름은 백두대간의 태백산에서 흘러온 뿌리 깊은 것이라고 한다.

금계는 힘차게 솟아 있는 천등산의 맥을 이었으되 그 산의 형세는 금계 방향으로 차곡차곡 단계를 지어 내려오다가 부드럽고 나지막하게 마을의 뒷산을 골골이 이루며 작은 들판을 펼쳐 놓는다. 이것을 힘찬 기운을 차곡차곡 다독이고 가다듬어 내면화하는 과정으로 볼 수 있다. 그렇게 보면 이 내면화 과정은 선비의 수양을 닮았다. 조용헌은 이러한 산세를 선비의 외유내강外柔內剛에 비유하고, 평소에는 지극히 예를 중시하는 선비이면서도 굴욕에는 참지 못하고 독립운동으로 나갔던 검제 사람들의 기질은 이런 산세와 무관하지 않다고 보았다.

물의 흐름은 산세를 따르므로 너그러운 산기운을 따라 골골에서 모여든 금계의 물길은 다소곳하다. 하지만 수량이 좀 아쉽다. 아쉽지만 견딜 수 있는 정도는 된다. 금계의 물길은 사천과 만나 송야천을 이루고 청성산 아래에서 낙동강과 합친다.

학봉종택은 금계의 중심부에 있는 복당에 자리 잡고 있다. 복당은 소복산 아래인데, 여기에 사는 사람은 복을 받을 것이라는 말이 있어 복당이라 불렀다 한다. 학봉 김성일이 이 마을로 이주하기 이전에도 복당이라 불렀는지, 아니면 학봉 후손들이 금계에서 터를 잡아 번성한 뒤에 복 받은 터라는 뜻에서 복당이라 불렀는지 확실히 알 길은 없다.

2. 금계에 살았던 사람들

금계에서 멀지 않은 곳곳에 안동의 토박이 성씨인 권씨·장씨·김씨 3태사의 묘단이 있다. 이는 신라 말 고려 초에도 권씨·장씨·김씨 등이 이 일대에 자리 잡고 살았으리라고 볼 수 있는 충분한 근거가 된다. 그런데 금계에 관해 믿을 만한 기록인 『영가지』와 『금계지』를 보면 이곳에 처음으로 입향한 사람은 홍해배씨 백죽당柏竹堂 배상지裵尙志(1351~1413)이다. 『영가지』에는 "사복정 배상지가 여기에서 살았는데 백죽당이 있다. 용재 이종준, 판서 권예도 또한 이곳에서 태어났다. 학봉 김성일이 임하로부터 와서 살았다. 여염집이 가득하고 한 줄기 개울물이 마을의 한가운데를 흐른다. 70이 넘은 늙은이들이 집을 잇대어 사니 고을에서 노인촌이라 부른다"라고 하였다. 금계에 살았던 이름 있는 인물은 아주 많지만, 여기에서는 학봉 이전에 금계에 살았던 인물로 『영가지』에 실린 배상지, 이종준, 권예만을 간단히 소개한다.

배상지는 목은 이색의 문하로 고려가 망한 후 두문동에 들어가 은둔하다가 안동으로 내려와 정착하였다. 배상지가 금계마을에 입향한 것은 안동권씨 좌윤공파 희정의 사위가 되었기 때문인데, 원래 금계마을이 속한 서후 일대는 일찍부터 안동권씨의 터전이었다. 『금계지』에서는 "배상지의 옛집이 용암에 있었는데, 그는 금계의 집 둘레에 측백나무와 대나무를 심고 백죽栢竹 두 글자를 자신의 당호로 삼았다"라고 하였다. 절개를 상징하는 당호

용암

에서 헤아릴 수 있듯 배상지는 고려에 절의를 지켰지만, 배상지의 아들들은 새로운 왕조 조선에서 벼슬하였다.

배상지와 그 아들들에 관하여 『영가지』에 다음과 같은 재미있는 일화가 소개되어 있다.

> 백죽당 배상지의 네 아들 중 둘째 환과 셋째 남, 넷째 강이 소년 시절에 (금계 봉림의) 죽림사에서 함께 책을 읽으며 공부하였다. 하루는 기생 셋을 불러 각기 안고 누워 있는데 부친 상지 공이 느닷없이 절에 왔다. 환 등은 어쩔 줄 몰라 이불로 기생들을 싸서 앉은 자리 모퉁이에 숨겼다. 상지 공은 모른 척하고 시를 지어서 벽에 써 붙였다. 그리고는 즉시 절을 나왔다. 그 기상이 이와 같았으니 사람들이 모두 탄복하였다.
>
> 배씨 한 사람 배씨 한 사람 다시 배씨 한 사람,
> 배씨 세 사람 모여 있는 곳에 봄바람이 돌고 있네.
> 이름은 죽림사로되 대나무만 있는 것이 아니고,
> 대나무 숲 깊은 곳에 복숭아꽃도 피어 있네.
> 一裵一裵復一裵　三裵會處春風廻
> 名是竹林非但竹　竹林深處桃花開

공부한답시고 모여서 딴짓하는 아들들에게 해학시 한 편을 지어 주고 슬쩍 넘어가는 배상지의 너그러운 기상에 많은 사람이 탄복하였다고 이 일화는 전하고 있다. 그런데 첫 구절 '배씨 한 사람 배씨 한 사람 다시 배씨 한 사람'(一裵一裵復一裵)은 이백의 시 구절 '한 잔 한 잔 다시 또 한 잔'(一杯一杯復一杯)에서 음을 빌려 해학적으로 표현하면서, 공부는 하지 않고 기생 끼고 술 마시는 아들들을 따끔하게 나무라는 뜻을 그 안에 지니고 있다. 마지막 구절 "대나무 숲 깊은 곳에 복숭아꽃도 피어 있네" 또한 선비의 절개와 지조를 상징하는 대나무 숲 속(죽림사)에서 기생들과 노닥거리는 것을 매섭게 꾸지람하는 의미를 지닌다.

　배상지의 네 아들은 모두 문과에 급제하여 벼슬하고 출세하였으나, 후손들은 금계에 터를 잡고 살지 않았다. 그들은 그 후 거의 안동의 다른 지역이나 영주 예천 등으로 옮겨 갔다. 반면 배씨들의 사위와 외손들은 대부분 금계에 터를 잡아 대대로 살았다. 『영가지』에 거론된 이종준의 조부 이승직은 배상지의 사위이고, 권예의 조부 권자겸은 배상지의 아들 배강의 사위이며, 김성일의 장인 권덕황은 배상지의 현손인 배류의 사위이다. 이처럼 『영가지』에 거론된 인물들이 금계에 들어와 살게 된 것은 배상지의 내·외손들과 혼인을 통하여 이루어진 것이다.

　『영가지』에 실린 두 번째 인물은 용재慵齋 이종준李宗準(?~1499)이다. 이종준은 배상지의 사위 이승직의 손자이다. 금계에 처음 들어온 사람은 이승직의 아들 이시민이고, 그 둘째 아들이 바로 이종준이다. 이종준이 10세 때 아버지 이시민은 대청 앞에 은행나무 한 그루를 심고, "이것은 부자(공자)가 그 그늘에서 강학한 나무이다. 뒷날 덕이 뛰어난 군자와 함께 이 나무 아래에서 강학하게 되리라"라고 하였다. 그 나무가 이른바 압각수鴨脚樹(은행나뭇잎이 오리발을 닮았다고 하여 은행나무를 그렇게 부름)이고, 은행나무가 있는 집이라 하여 그의 집을 행정杏亭이라고 불렀다.

이종준은 어려서부터 신동으로 이름이 났다. 그는 김종직의 문인으로 1485년 문과에 급제하였는데, 홍문관교리 시절 호당에 뽑혀 사가독서하였다. 그는 시·서·화에 모두 뛰어났다고 하는데, 1492년에는 서장관으로 중국에 가서 시로 이름을 날렸다. 그래서 어떤 이는 그를 '인간 세상에 내려온 선학仙鶴'이라고 극찬하였다고 한다. 1498년 무오사화가 일어나던 해, 이종준은 심상치 않은 분위기를 느끼고 고향으로 돌아왔다. 그러나 끝내 무오사화의 여파가 미쳐 서울로 잡혀갔다. 그는 북쪽 변방으로 유배되어 가던 중 벽에 시구를 써 붙인 것이 빌미가 되어 다시 잡혀와 고문을 당하고 죽었다. 중종반정 후에 관직이 회복되었고, 후에 금계마을에 있는 경광서원에 배향되었다.

『영가지』에 이종준 다음으로 소개된 인물은 금계에 살던 권씨 가문의 대표적 인물인 마애磨厓 권예權輗(1495~1549)이다. 그는 배상지의 아들 배강의 외손자로서 금계 안동권씨 입향조인 권철경의 아들이다. 권예는 1516년 문과에 급제해 벼슬에 나갔다. 그는 나이도 매우 젊고 낮은 벼슬에 있었지만 조광조를 비롯한 개혁파들이 주도하는 경연에 자주 참여하였다. 1519년 11월 15일 밤 훈구파들이 조광조 일파를 몰아낸 기묘사화 다음날, 그는 임금 앞에서 "국가의 중대사는 밝은 날 도당에 모여 공명정대하게 처리해야 하거늘, 밤중에 행한 지난밤의 일은 군자의 도리가 아니다"라고 대신들에게 당당하게 항의하였다.

권예는 1530년 36세의 나이로 성균관대사성이 되었고, 이해에 영의정 심정을 탄핵하여 죄를 묻게 하였다. 그는 그 뒤로도 대사헌, 대사간, 부제학 등 중요 직책을 맡아 임금에게 올곧은 건의를 많이 하였다. 그는 1536년 경상도관찰사를 거쳐 형조판서에 올랐다. 이어 1538년 모친상으로 귀향할 때까지 호조 이조의 판서, 의정부우참찬 등 높은 벼슬을 연이어 맡았다. 그런데 그는 모친상을 마치고 나서는 다시 벼슬에 나아가지 않았다. 20년이 넘은 벼슬살이였으나 일찍 벼슬길에 들어선 까닭에 그가 귀향할 때의 나이는 불과 44세였다. 그는 낙동강 가에 낙강정이라는 정자를 짓고 유유자적 세월을 보내다가 55세의 나이로 돌아갔다. 낙향 후 돌아갈 때까지 10여 년 동안 왕래하는 관원과 만난 일이 없고, 관정을 찾아간 일도 없었다고 전한다.

학봉 김성일이 금계에 입향하기 이전에 금계를 대표하고 있었던 성씨가 홍해배씨와 안동권씨라면, 그의 입향 후에는 의성김씨가 크게 번성하였다. 그래서 김씨가 금계에 대대로 살게 된 이

후 금계에서 난 많은 인물이 김씨의 자손이다. 김성일이 금계로 들어와 살게 된 이후 사위와 외손이 처가 고을, 외가 고을에 터를 잡아 사는 일은 거의 이루어지지 않았다. 16세기를 거쳐 17세기에 이르면서 적장자 중심의 상속제가 점차 굳어지고 혼인 또한 남편이 아내를 맞아들이는 형식이 일반화되었기 때문이다.

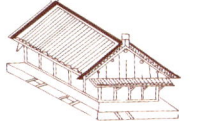

제2장 학봉종가의 400년

1. 학봉 김성일의 학문과 삶

학봉鶴峰 김성일金誠一(1538~1593)은 의성김씨 내앞파 시조 청계 靑溪 김진金璡(1500~1580)의 넷째 아들이다. 김진은 내앞 의성김씨들이 청계 큰할아버님(靑溪大祖), 혹은 청계 할배라고 부르며 받드는 인물이다. 김진은 뛰어난 경영 능력으로 의성김씨 내앞 가문 수백 년의 경제적 기반을 당시에 이미 단단하게 다진 사람이고, 김성일을 비롯한 다섯 형제를 훌륭하게 키워 낸 아버지였다. 김성일은 그 아버지 아래에서 인간적·학문적으로 성장하였고, 스승 이황을 만나 인격과 학문의 깊이를 더욱 성숙시켰다.

김진은 1525년에 사마시에 급제한 뒤 성균관에 유학하였다. 당시 그는 하서 김인후 등 이름 있는 사림파 선비들과 사귀었다.

그러나 얼마 뒤에 갑자기 과거공부를 단념하고 고향 마을로 돌아온다. 그는 임하의 부암 곁에다 서당을 세우고 자제들과 동네 아이들을 가르쳤다. 그에 관하여 다음과 같은 일화가 의성김씨 집안에 내려온다.

> 김진이 젊은 시절 과거 보러 서울로 가다가 문경새재를 넘게 되었다. 고갯마루에서 잠깐 쉬고 있는데 생김새가 남달라 보이는 한 백발노인이 다가와 "어허. 신수를 보아 하니 살아서 참판 벼슬하는 것보다는 죽은 뒤 증판서가 더 나을걸" 이라고 툭 던지듯 말하였다. 증판서란 돌아간 다음에 자손들이 출세하여 벼슬이 판서로 높아진다는 뜻이니, 자손들이 잘되리라는 말이다. 김진은 즉각 과거를 포기하고 고향으로 돌아와 자식들 교육에 온 힘을 기울였다.

김성일이 아버지 김진의 평생 삶의 모습을 그린 행장에는 다음과 같은 가슴 뭉클한 내용이 실려 있다.

> 큰형이 과거에 급제하고 어머니께서 돌아가셨을 때(1546), 자녀가 모두 8남매나 되었는데, 대부분 어린아이거나 포대기 속에 있었다. 아버지께서 온갖 고생을 다해 기르면서 하지 않은 일이 없었다. 한밤중에 양쪽으로 어린아이를 끌어안고 있으면

어린아이가 어미젖을 찾는데 그 소리가 아주 애처로웠다. 이에 아버지께서는 자신의 젖을 물려 주었는데, 비록 젖이 나오지는 않았지만 아이는 젖꼭지를 빨면서 울음을 그쳤다. 아버지께서 이 일을 말씀하실 적마다 좌우에서 듣는 사람 중 울지 않는 이가 없었다.

김진은 어미 잃은 어린 자식들이 밤에 어미젖을 찾자 자신의 젖을 물릴 정도로 자녀들 기르기에 온갖 정성을 기울였다. 그는 자식들을 위하여 재취 삼취도 흔하던 그 시절에 다시 아내를 얻지 않았다. 그는 아들들에게 "차라리 옥이 되어 부서질지언정 기왓장이 되어 온전하기를 바라지 말라. 사람이 차라리 올바른 도리로써 죽을지언정 그릇된 도리로써 살면 안 된다. 너희들이 군자가 되어 죽는다면 나는 오히려 살아 있는 것으로 볼 것이요, 소인이 되어 산다면 나는 오히려 죽은 것으로 볼 것이다"라고 올바른 인간이 되기를 거듭거듭 강조하였다.

그는 다섯 아들을 모두 이황의 문하에 보내 학문을 닦도록 했다. 이 같은 아버지의 뒷바라지와 가르침으로 그의 다섯 아들은 모두 소과에 합격하여 생원 진사가 되었고, 그중 세 아들은 대과에 급제하여 벼슬길에 올랐다. 이 다섯 아들을 김문오룡金門五龍이라 한다. 이후 내앞 의성김씨들은 오룡지가五龍之家라 불리며 안동의 이름 있는 학자 양반 가문으로 자리 잡았다.

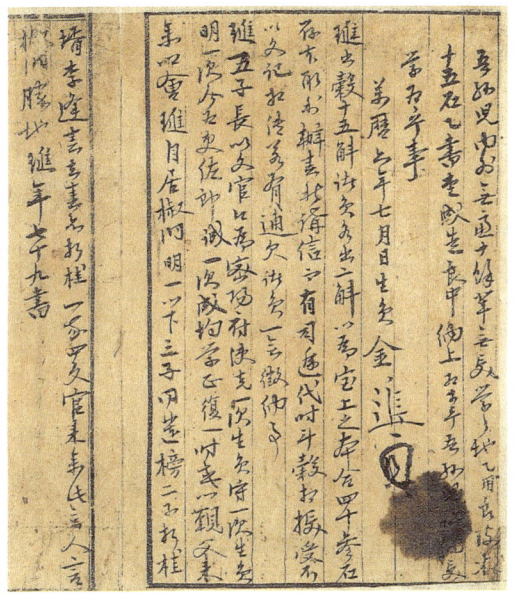

김진의 유묵

1) 어린 시절

어린 시절의 일화는 그 사람이 평생을 살아가는 기본 틀을 이해할 수 있는 중요한 실마리가 된다.

어느 여름날 개구쟁이 어린아이들이 벌거숭이가 되어 멱을 감
고 있는데, 때마침 새로 사또가 부임하느라 행차의 나팔소리

가 들려왔다. 개구쟁이 어린아이는 사또가 오는 길목 언덕에 올라가 있다가 행차가 그 아래를 지나갈 적에 가마에다 오줌을 내갈겼다. 행차가 멈추었고 이어 오줌 눈 아이가 불려 왔는데, 아이는 초롱초롱한 눈망울을 깜박거리며 싱글벙글 웃기만 하였다. 사또는 아이의 맹랑함에 기가 막히면서도 개구쟁이가 귀여워서 벌로 글짓기를 시켰다. 이 벌거숭이 어린아이는 서슴없이 다음과 같은 시를 지었다.

사또는 어찌 먼저 벼슬했고, 나는 왜 늦었을까?
가을 국화 봄 난초 각기 때가 있다오.
사람들아 저 탑보다 솔이 낮다고 말하지 말라.
솔이 자란 그날엔 탑이 도리어 낮아지리라.

개구쟁이의 어린아이답지 않은 그 당찬 포부에 놀란 사또는 귀여운 개구쟁이 머리를 쓰다듬은 뒤, 그 아버지 김진을 찾아 인사하고는 거듭거듭 감탄하며 떠났다고 한다. 김성일은 이처럼 당찬 기질을 타고났으면서도 침착하고 총명하였다.

어느 무더운 여름날 아버지 청계공이 잠깐 낮잠이 들었는데, 마침 구렁이 한 마리가 아버지를 향하여 기어가고 있었다. 다른 아이들은 모두 겁이 나서 달아났으나, 김성일은 급히 나가서 개구리 한 마리를 잡아 구렁이 곁에 놓아, 구렁이가 가는 방향을 바꾸어 위험을 면하게 하였다. 나중에 그 말을 들은 아버지는 아들의 총명을 헤아리고 기뻐하였다.

그는 당차고 총명하면서 한편으로 매우 따뜻한 마음을 지니고 있었다. 어려서부터 다른 이의 힘든 모습을 보면 안타까워했다. 떠돌아다니는 거지를 보면 쌀을 얻어다 주었다. 꿋꿋하고 당찬 기질, 총명함, 침착한 태도, 따뜻한 마음씨는 그의 일생을 관통하는 밑바탕이다. 이러한 기질은 아마 대를 이어 그의 후손들에게 전해졌을 것이다.

2) 스승 이황을 만나 학문의 길에 들어서다

김성일은 10세 무렵부터 아버지가 세운 부암서당에서 공부하였다. 『소학』, 『사서』, 『시경』 등 유교의 기본 경전을 공부하였다고 한다. 1556년 즈음에는 풍기의 소수서원에서 아우 복일과 글을 읽었다. 아마도 이들 형제는 과거를 준비하기 위하여 소수서원에 갔던 것이 아닌가 짐작한다. 왜냐하면 당시 풍기·영주 주변에는 과거를 준비하는 선비들이 많이 모였기 때문이다. 그러다가 김성일은 어느 날 탄식하며 말하기를 "선비가 세상에 나서 과거공부만 하고, 천지만물의 이치와 자기 자신의 본질을 깨우치는 학문을 모른다면 부끄러운 일이다. 퇴계 선생은 현재 우리나라 최고의 스승이니 가서 배우지 않을 수 있겠는가?"라고 하였다. 그는 곧 아버지에게 허락을 받고서 아우 복일과 더불어 도산에 있는 계상서당으로 이황을 찾아갔다. 그때 이황은 성균관 대사성을 역임하고 「천명도설」 등의 탐구에 골몰하고 있었다. 이황은 김성일의 총명함과 학문에 대한 열정, 독실한 행동을 보고 기뻐하였다. 그때 함께 배우던 선비들 중에 그를 앞서는 사람이 없었다고 전한다.

1558년에도 김성일은 아우 복일과 도산에 가서 『서경』을 배웠다. 이황은 김성일의 성실한 학업 태도에 대해 "그의 행실은 높고 학문은 밝으니, 나는 그에 비길 만한 사람을 보지 못하였다"라고 크게 칭찬하였다. 이어 『역학계몽』을 배우고, 겨울에는 셋째 형 명일과 함께 『심경』과 『대학』을 공부하였다. 이황은 자신의 학문을 정립하는 데 『심경』을 매우 중요하게 여겼으므로, 김성일이 이황에게 『심경』을 배웠다는 것은 그 학문의 깊은 내용을 들었다는 것을 뜻한다. 현재 학봉종가에는 김성일이 이황으로부터 받았을 것으로 추정되는 「심경찬心經贊」의 일부가 소장되어 있다.

김성일은 1561년에는 『대학』, 「태극도설」을 배웠고, 다음 해 1562년 가을에는 『주자서절요』를 배웠다. 침식을 잊을 정도로 노력하는 젊은 제자를 보고 이황은 매우 기뻐하였다. 그래서 "세

「심경찬」(이황의 글씨)

속 따르니 방해 많아 머리가 희어지고, 그대 얻으니 아주 좋아 눈길이 반갑구나"라고 기꺼워하였다. 1564년 진사회시에 합격한 김성일은 1565년 서울에 있는 성균관에 유학하였다. 7~8개월간 성균관에서 과거공부를 하던 그는 과감하게 고향으로 돌아와 스승을 찾아갔다. 스승은 여름에 농운정사에 머물러 공부하고 있는 그에게 다음과 같은 시를 주었다.

| 그대가 오가면서 명리 말해 준 것 고맙거니, | 感君來往談名理 |
| 더위 씻어 주는 얼음·서리 글귀마다 나오네. | 淸暑氷霜句句生 |

다음 해 1566년 정월 김성일은 스승이 있는 도산에서 내앞 집으로 돌아왔다. 스승에게 나라의 부름이 있었기 때문이다. 김성일을 매우 촉망하고 아꼈던 이황은 서울로 가기 전 그를 불러 아주 뜻깊은 선물을 했다. 이황은 요임금 순임금으로부터 주자에 이르기까지 유학의 도가 전해 내려온 가장 큰 줄기(도통)를 따라가면서 그 줄기 마디마디에 있는 성현들의 학문과 심법을 4자씩 운문으로 적은 80자의 명문을 짓고, 이를 손수 써서 김성일에게 준 것이다. 이것이 그 유명한 「병명屛銘」이다. 「병명」의 마지막 구절은 다음과 같다.

박문과 약례가 다 같이 지극하여,　　　　　　　博約兩至
정통의 연원을 이어 받음은 주자이시네.　　　　淵源正脈

뒷날 김성일 학문의 맥을 이은 김성일 학파(학봉학파)에서는 이 「병명」이 김성일이 퇴계의 학문을 잇는 제자임을 증명하는 글이며, 그가 이황의 학문적 정통을 이어 받았다고 주장하였다. 이 「병명」의 핵심은 경敬인데, 김성일 또한 퇴계학문의 중심을 경으로 보았고, 오늘날도 퇴계학문의 핵심이 경이라는 것은 널리 인정되고 있다. 이황이 김성일에게 「병명」을 써 준 것은 두 가지의 의미를 지니고 있다. 하나는 독실한 그의 학문 태도에 대한 깊은 칭찬의 의미이고, 또 하나는 그 지나치게 꿋꿋하고 엄정한 성격을 늘 경의 마음가짐으로 다듬어 학문적 성공과 인격적 완성을 이루기를 기대하는 뜻이다.

1568년에 김성일은 문과에 급제하여 벼슬살이를 시작하였다. 불과 한 해가 지난 1569년 스승 이황은 벼슬을 사임하고 귀향하였다. 이황이 고향으로 물러가기를 임금에게 청하던 날, 임금 선조는 이황에게 조정에서 쓸 만한 인물이 누구인지를 물었다. 이황은 "이준경, 기대승, 김성일이 있습니다"라고 대답하였다. 벼슬길에 갓 들어선 제자를 나라를 이끌어 갈 인재로 추천할 정도로 이황은 김성일을 인정하고 기대하였던 것이다.

1570년은 김성일에게 큰 슬픔이 거듭 닥친 해였다. 형 김명일이 세상을 등졌고 스승 이황이 돌아갔다. 스승이 돌아가자 그는 스승에 대한 그리움을 스승이 남긴 학문을 밝히고 널리 알리는 데로 돌려 힘썼다. 그는 스승 퇴계 이황의 평생 행적을 정리한 『퇴계선생사전退溪先生史傳』을 지었다. 그는 거기에 스승의 드높은 학문과 고상한 인격을 다음과 같이 썼다.

> 선생의 학문은 '경敬'이 중심이 된다. 그래서 경공부가 처음부터 끝까지 선생의 학문을 꿰뚫고 있다.…… 참된 앎을 이루셨고, 그것을 마음속으로 깊이 깨달아 간직하셨다. 항상 반듯하시고…… 늘 겸손하게 사양하셨으나 다른 사람은 결코 뛰어넘을 수 없는 경지를 지니셨다.

이황은 김성일에게 '경건한 마음과 의리에 맞는 행동을 같이 지녀야 하며 넓은 배움과 깊은 사색을 함께 아우르라'고 가르쳤다. 그는 스승 이황의 가르침에 따라 언제나 어디서나 어떠한 상황에서도 항상 경건한 마음으로 의리에 걸맞게 행동하고자 하였다. 이러한 생각은 항상 의리를 바탕에 두고 명분과 체통에 맞추어 예를 실천하려는 태도로 나타났다.

김성일이 1590년 일본에 통신부사로 갔을 때, 그는 상사 황윤길, 서장관 허성 등과 일본에 도착하는 날부터 돌아오는 날까지 사사건건 의견이 대립되었는데, 그 이유는 하나같이 예에 맞느냐 맞지 않느냐의 문제였다. 김성일은 예에 맞지 않는 일본의 행위를 그대로 받아들이는 것은 단순히 우리 사신들이 체통을 잃는 것에 그치지 않고 국가의 체통과 존엄성을 잃는 일이라 생각하였다. 김성일은 일본에 통신부사로 가서 행동한 것에 대해 스스로의 입장을 설명하면서 "일본의 수도에 들어갈 때 다툰 것은 예를 다툰 것이었고, 나올 때 다툰 것은 의리를 다툰 것이었다"라고 하였다.

3) 스승을 기리다

김성일은 스승 이황이 돌아간 것은 태산이 무너지고 세상의 도리를 밝히는 등불이 꺼진 일이라고 애통해하였다. 애통해하던 김성일은 마음을 추슬러 스승 이황의 공적을 기리고, 스승이 이룩한 학문 내용을 정리하는 일에 열중하였다. 그는 『퇴계선생사전』을 짓고 그것을 근거로 하여 스승 이황에게 시호를 빨리 내려 줄 것을 주장하였다. 그리하여 1576년 돌아간 지 불과 몇 해 만에 이황의 시호가 내려졌다. 이는 전례에 없는 일이었다.

김성일은 1583년 나주목사에 임명되었다. 첫 외직이었다. 함경도·황해도 순무어사, 경기도 추쇄경차관으로 여러 차례 백성의 실정을 살펴 힘없는 백성들의 고난을 잘 알고 있던 그는 동헌 앞에 큰북을 달아 놓고, "억울한 일이 있으면 이 북을 쳐라"라고 하여 백성들과 직접 소통하고 어려움을 풀어 주었다. 또한 그는 해묵은 송사를 신속하고 명쾌하게 판결하여 백성들의 삶을 도왔다. 당시의 판결문인 「나주입안문羅州立案文」은 조선 전기 중요한 민사소송 사례로 연구되고 있다.

그는 이처럼 백성의 삶을 보살피는 한편 1584년 봄에 나주 금성산 기슭에 대곡서원을 세워 김굉필, 정여창, 조광조, 이언적, 이황의 위패를 모셨다. 고을의 선비들이 스승으로 본받아야 할 분들을 알게 하기 위해서였다. 이는 스승 이황을 기리는 뜻이기도 하였다. 1585년 8월에는 스승의 『성학십도聖學十圖』와 『계산잡영溪山雜詠』을 간행하였다. 그가 『성학십도』를 제일 먼저 간행한 것은 스승 학문의 모든 핵심 내용이 『성학십도』에 담겨 있다는 것을 잘 알고 있었기 때문이다. 이듬해 가을에는 『주자서절요朱

子書節要』와 『퇴계자성록退溪自省錄』을 발간하였다. 이처럼 그는 『성학십도』와 『주자서절요』 등을 발간함으로써 스승을 기리는 한편, 스승이 남긴 학문을 많은 사람에게 전하는 역할을 담당하였다.

　　김성일은 1586년 나주목사에서 해임되어 고향으로 돌아왔다. 그는 돌아온 후 제자들을 가르치는 일에 온 마음을 바쳤다. 김성일은 스승에게 받은 가르침을 제자들에게 베푸는 것으로 스승을 기린 것이다. 그는 제자를 가르치는 데 엄격했다. 평소 집에 있을 때는 아침 일찍 일어나 옷차림을 반듯하게 하고 바깥방에 나가 앉아 오직 경서와 역사서를 보고 자제들을 가르치며 손님을 맞이하곤 하였다. 이는 스승의 모습을 본받은 것이었다.

　　그 다음 해 1587년에는 학문을 닦고 제자를 기를 장소로 청성산에 석문정사를 지었다. 실제로 석문정사를 지을 때 책을 쌓아 둘 공간을 생각하여 설계하였다고 한다. 석문정사가 완공되자 그는 방 안에 책을 쌓아 두고 단정히 앉아 깊이 사색하며 마음을 닦았다. 그는 "내가 원래 바라던 바가 이것이었다"라고 하면서 남은 평생을 학문 연구와 제자 교육에 바치기로 하였다. 배우고자 하는 사람들이 모여들었다. 그런데 가르친 제자의 숫자는 많지 않다. 그가 주로 벼슬길에 있다가 전장에서 돌아갔기 때문이다.

　　1588년 석문정사가 세워진 다음 해 2월의 일이다. 김성일은 석문정사의 서쪽 섬돌 아래에 붉은 복숭아나무를 심고 동쪽 섬돌 아래에 벽오동을 심었다. 그가 벽오동을 심은 뜻은 봉황이 벽오동에 깃든다는 전설이 있기 때문이었다. 그는 나무를 심고 나서 다음과 같은 시를 지었다.

청성산서 푸른 옥가지 찾아다니자,	爲覓靑城碧玉條
산승이 서려 있는 용의 허리 잘라 주네.	山僧旋斫蟄龍腰
살려고자 하는 뜻 꺾었다고 말을 말라,	莫言生意便摧折
훗날에는 천 길 자라 봉새 부를 수 있으리.	千仞他年鳳可招

스승은 봉황 같은 분이었으므로 그가 석문정사에 벽오동을 심은 것은 봉황이 되어 날아가 버린 스승이 다시 돌아와 벽오동에 깃들기를 바라는 영원한 그리움의 표현이었다. 벽오동 가까이에는 대나무도 심었다. 봉황의 먹이가 대나무 열매이기 때문이다. 김성일이 석문정사에서 학문을 닦고 제자들을 가르치려고 했던 뜻은 1588년 여름, 다시 벼슬길에 불려 올라감으로 해서 이루어지지 못했다.

4) 올곧은 벼슬살이

1568년 벼슬길에 들어선 김성일은 1593년 전장에서 돌아갈 때까지 상을 당해 복을 입거나 잠시 벼슬에서 물러난 경우를 제외하고 25년 간 벼슬살이를 하였다. 벼슬길에 들어선 그는 능력과 덕망으로 자연스레 주목을 받았다. 그래서 그는 홍문관, 사헌부, 사간원의 벼슬을 거쳤다. 이른바 언론을 담당하는 세 기관에서 일한 것이다. 또한 인사에 있어 관리 후보자를 추천하는 큰 권한을 지니고 있는 낭관으로도 활동하였다. 특히 이조와 병조의 낭관은 문관·무관의 인사권을 좌우하였는데, 그는 병조와 이조의 낭관을 모두 거쳤다. 이는 나라를 이끌어 갈 재목이라는 스승의 기대에 부응했다는 것을 뜻한다.

그는 이조좌랑의 자리에 있던 1576년 호당에 들어갔다. 호당이란 임금이 우수한 문관 관료에게 독서 휴가를 주어 자기 계발을 할 수 있도록 하는 제도로서, 그 관료는 사가독서를 하게 된다. 호당에 들었다는 것은 관리로서 매우 명예로운 일이요, 가문으로서도 영광이다. 더욱이 사가독서는 스승 이황도 받은 바 있었으므로 그에게 남다르게 뜻깊은 일이었다. 그는 사가독서 기간에 많은 글을 지었는데, 3권의 장첩으로 만들어져 『호당삭제』라는 이름으로 종가에 보관되어 있다.

그는 벼슬살이를 하는 가운데 나주목사와 임진왜란 중에 경상우도병마절도사 겸 초유사, 감사를 지낸 것을 제외하고는 주로 중앙의 조정에서 활동하였다. 조정에서의 활동 가운데 가장 두드러지는 것은 올곧은 언론을 펼친 일이다. 언론을 맡은 관리로

「호당삭제」

서 김성일의 꿋꿋하고 곧은 태도는 임금이라고 해도 거침이 없었다. 1573년 사간원정언이 되었을 때의 일이다. 하루는 임금과 신하가 학문과 정사에 관해 토론하는 자리인 경연에 들어갔다. 임금 선조가 조용히 묻기를 "경들은 나를 전대의 어느 임금에 견주겠는가?" 하였다. 성이주가 "요순 같은 성군이십니다" 하였다. 김성일은 "전하는 요순 같은 성군도 될 수 있고, 걸주 같은 폭군도 될 수 있습니다" 하였다. 임금이 "요순과 걸주가 어찌 그렇게 같다는 말인가?" 하고 다시 묻자, 그는 "전하께서는 타고난 자질이 높고 밝으시니 요순 같은 성군이 되시기 어렵지 않으나, 다만 신하가 옳게 간하는 말을 듣지 않는 잘못된 버릇이 있으시니 실로 염려되는 것입니다"라고 하였다.

임금 선조는 발끈하여 얼굴빛이 변하면서 일어섰다가 다시 앉았다. 여러 신하가 임금이 몹시 화가 났다는 사실을 알고서 모두 떨고 있었다. 이때 류성룡이 앞으로 나아가서 "두 사람이 아뢰는 말이 다 옳습니다. 요순에 비유하는 것은 임금을 그렇게 인도하려는 말이고, 걸주에 비유하는 것은 임금을 경계하는 말이오니, 다 임금을 사랑하는 마음입니다" 하자 임금이 술을 내리고 자리를 파했다. 그때 김성일의 나이 불과 36세였다.

1579년 사헌부장령이 되었다. 그는 임금이 싫어하는 기색을 보여도 눈앞에서 거리낌 없이 간하였다. 조정의 관리들 중 불의와 부정이 있으면 사정없이 탄핵하여 바로잡았다. 그래서 사람들이 그를 '대궐 안 호랑이'(殿上虎)라 불렀다 한다. 그는 언론을 담당하는 관리로서 평소에 아주 가까이 지내던 대신의 탄핵도 전혀 거리끼지 않았지만 최영경崔永慶(1529~1590)처럼 억울하게 옥사에 얽힌 인물의 원통함을 풀어 주는 일에도 조금도 머뭇거리지 않았다. 언론에 치우침이 없었던 것이다. 정구는 김성일을 "그는 본래 성질이 굳세고 깨끗하였으며 논의하는 것이 조금도 한쪽으로 기울어지지 않았다"라고 평하였다.

김성일은 1579년 함경도순무어사의 명을 받고 변방의 방비

태세를 점검하며 백성의 실정을 살폈다. 이때 변방을 돌아다니며 보고 들은 것을 적은 일기가 『북정일록北征日錄』이다. 1583년에는 황해도순무어사가 되어 해주를 중심으로 여러 고을을 순찰하며 관리들의 행태와 민정을 살폈다. 이때의 기록은 『해서록海西錄』이다. 1588년에는 경기도추쇄경차관에 임명되어 백성의 실정을 살폈다. 그는 세 번에 걸쳐 백성의 실정을 살피는 과정에서 느낀 감상을 시로써 수없이 그려 내었으며, 그 결과를 장계와 상소의 형태로 임금에게 보고하였다. 백성들의 고달픈 삶을 조정에 알리고 그에 대한 대책을 마련할 것을 촉구한 것이다. 당시 백성들을 가장 괴롭히는 것은 지나치게 많은 부역과 세금, 흐트러진 병적 관리와 군사 행정의 문제였다.

    김성일은 나라를 강성하게 하려면 백성의 마음을 모아야 하고, 마음을 모으려면 백성들이 넉넉한 삶을 꾸리도록 해 주어야 한다고 생각하였다. 그런 뒤에 이어서 사람의 도리를 가르치면 그것이 바로 외적을 방비하는 가장 좋은 방안이라고 여겼다. 그는 일본의 침략을 대비하는 문제에 있어서도 한결같이 이러한 생각을 바탕으로 문제를 바라보았다. 그는 군대의 방비 능력을 강화시키기에 앞서 백성들이 삶을 넉넉하게 꾸려 가도록 해 주어야 한다고 생각했던 것이다.

    그는 1591년 일본에 사신으로 갔다가 돌아온 이후부터 1592년 임진왜란이 일어나기 전까지 고단한 백성의 삶, 흐트러진 병역의 실상과 근본 원인, 그 해결 방안에 대해 여러 차례 임금에게 상소를 올렸다. 그는 나라에서 성벽을 쌓는 일에 백성을 동원하자, 외적에 대비하기 위해서는 먼저 과감하게 내정을 개혁하여 백성의 생활을 안정시켜야 한다고 하였다. 이미 세금과 병역 때문에 지쳐 있는 백성을 동원하여 성을 쌓는 일은 백성들의 삶의 기반을 더욱 망가뜨려 각 지방의 마을은 텅 비고 백성의 마음마저 떠나게 되며, 그렇게 되면 외적이 오기도 전에 이미 나라가 망하는 지경에 이르게 된다는 주장이었다. 실제로 왜적이 침입해 오자 적을 만나기도 전에 백성은 물론 관리들도 달아난 자가 한둘이 아니었다.

5) 일본 사행

1589년 11월 일본에 사신으로 보낼 통신사가 결정되었다. 정사에 황윤길, 부사에 김성일, 서장관에 허성이었다. 일본에 사신을 보내게 된 것은 일본의 요구로 이루어진 일이었다. 그런데 사신을 보내달라는 요구는 이미 계획되고 예정된 왜적 침략의 서곡에 지나지 않았다. 게다가 일본에 사신으로 가는 일은 그동안 두 나라의 불편한 관계로 보아 생사를 내다볼 수 없을 만큼 위험한 일이었다. 김성일은 늘 마음속에 간직해 온 '충성과 믿음'으로 그 임무를 다하려 하였다. 그 뜻은 1590년 3월 통신부사로 일본에 가다가 사당에 고유하고 성묘하기 위해 고향에 들른 참에 석문정사에 들러 지은 시에 나타나 있다.

……
나랏일이 중한 것만 생각하노니,　　　　　但念王事重
내가 어찌 잠시나마 머뭇거리랴.　　　　　我何小逡巡
내 마땅히 충신에 의탁을 하여,　　　　　會當仗忠信
한번 가서 양국 우호 이룩하리라.　　　　　一成兩國親
……

그는 사신으로 일본에 가서 양국의 우호를 이루어 나라의 근심을 덜어야 한다는 사명감이 가득하였다. 그 사명감의 밑바탕은 나라에 대한 충성과 절개였다. 그는 신라시대 일본 왕의 문초와 설득에도 "차라리 신라의 개나 돼지가 될지언정 왜국의 신하는 되지 않겠다"며 굴복하지 않고 마침내 죽임을 당한 박제상의 충성과 절개를 마음에 깊이 담아 두고 있었다. 이러한 마음가짐이 온갖 위협 속에서도 김성일이 일본에서 당당하게 행동할 수 있는 밑거름이 되었다.

일본에서의 사신활동은 분하고 답답한 일의 연속이었다. 그들은 무례하였고, 조선을 자신들의 신하 나라로 취급하였으며, "우리는 명나라를 칠 것이다. 조선이 앞장서서 일본의 신하가 되라"는 등의 터무니없는 주장을 하고, 때로는 "만일 도요토미의 뜻을 따르지 않으면 후회할 일이 있을 것이다"라고 위협하였다. 그 위협에 사신 일행이 박제상처럼 억류되어 죽임을 당할지도 모른다고 서로 마주 보고 두려워하며 눈물을 흘리면서 우는 상황에서도 김성일은 조금의 흔들림도 없이 꿋꿋하게 행동하였다.

그는 사신으로서 예의를 지키는 모습을 잃지 않았다. 일을 처리하는 데 있어서도 예의와 절차와 규범에 따라 하고자 하였다. 그리고 상대방에게도 예의 바른 태도와 예에 맞는 절차를 요구하였다. 이는 선비로서의 존엄성과 사신으로서의 체통을 지키고자 하는 것이었다. 당당한 문명의 나라 조선의 사신으로서의 체통을 조금도 무너뜨리지 않음으로써 나라의 존엄성과 체통 또한 소중하게 하려고 하였던 것이다.

1591년 1월에야 사신의 임무를 마치고 돌아온 통신사 일행은 조정에서 다음과 같이 보고하였다. 정사 황윤길은 '반드시 침략할 것'이라 했고, 서장관 허성도 '침략할 것'이라 했다. 그런데 김성일은 "반드시 그러하리라는 정황은 보지 못하였습니다"라고 하고 이어 "윤길이 쓸데없이 말을 장황하게 아뢰어 인심이 흔들리게 하니 이는 일을 바르게 처리하는 방법이 아닙니다"라고 달리 보고하였다.

류성룡은 임진왜란과 그 전후 사정을 기록한 『징비록』에 "김성일이 임금에게 보고를 마치고 나올 때 '그대 말씀이 황윤길과 다르니 만약 병화가 있으면 어찌하겠는가?' 물었더니 김성일이 '나인들 왜가 장차 침략하지 않는다고 장담할 수 있겠는가? 다만 황윤길의 말이 너무 지나쳐 온 나라의 백성들이 극도의 혼란에 빠졌기에 의혹을 풀어 준 것뿐일세'라고 대답하였다"라고 적었다. 김성일은 백성의 흐트러지고 두려워하는 마음을 수습하는 것이 전쟁을 대비하여 성을 쌓는 일보다 더 우선이라고 보았던 것이다.

6) 국난의 현장

1592년 4월 김성일은 경상우도병마절도사에 임명되었다. 해당 부서에서 무관 출신의 인물을 추천하였음에도 문관이 임명된 극히 이례적인 일이다. 그는 임지를 향하여 가고 있는 도중에 왜적이 쳐들어왔다는 소식을 듣는다. 왜적이 쳐들어오자 장수도 관리도 백성들도 대부분 그저 산으로 골짜기로 도망가 무작정 숨기만 하였다. 나라의 기강이 말이 아니었던 것이다. 김성일은 경상우병영이 있는 창원으로 곧바로 달려갔다. 그 사이 선조는 김성일을 잡아 오라 명했으나 당시 우의정으로 있던 류성룡이 변호하여 선조는 김성일을 경상우도초유사로 임명하였다. 초유사란 나라가 어려운 때를 맞았을 때 백성을 잘 설득하여 나라를 위해 일어나도록 권유하는 직책이다.

5월 4일 그가 함양에 이르렀을 때, 온 고을이 텅 비어 있었다. 마침 군수를 지낸 조종도趙宗道(1537~1597)와 직장 벼슬을 지낸 이로李魯(1544~1597)가 찾아 왔다. 그는 "내가 조공, 이공과 만나게 된 것은 하늘이 나를 도운 것이다"라고 기뻐하였다. 그들 두 사람은 그로부터 김성일이 세상을 떠날 때까지 그의 곁을 지키며 함께하였다. 뒷날 이로는 김성일이 1590년에 일본에 통신사로 갔던 일부터 시작하여 1593년 4월 경상감사로 있다가 진주에서 세상을 떠나 고향인 안동에 묻힐 때까지의 일을 담담하면서도 자세하게 쓴 『용사일기龍蛇日記』를 남겼다. 그 안에는 임진년 4월 왜란이 일어난 뒤부터 약 15개월간의 전쟁 상황, 당시 의병들의 활동, 의병과 관군 사이의 알력, 관과 백성들과의 관계 등이 매우 자세하고 사실적으로 기록되어 있다.

김성일은「도내의 선비와 백성들을 깨우쳐 불러 모으는 글」(招諭一道士民文)을 지어 방을 붙였다. '의리와 도리로써 떨쳐 일어나 나라와 백성을 구하자'는 이 글이 각 지역으로 발표되자 영남지방 전체가 충성과 의리의 도가니로 변하였다. 나라를 위해 목숨을 바치겠다는 사람들이 곳곳에서 의병을 일으켰다. 그 소식이 들리자 의병에 참여하는 이가 하나둘씩 늘어났다. 그것이 백성의 마음이다. 의리로써 힘을 모으면 사람들은 모인다. 모이면 큰 힘이 생긴다. 굳이 무기를 들고 직접 싸움에 나가서가 아니다. 내 가족, 내 마을, 내 나라를 내 힘을 보태 지키겠다는 그 마음이

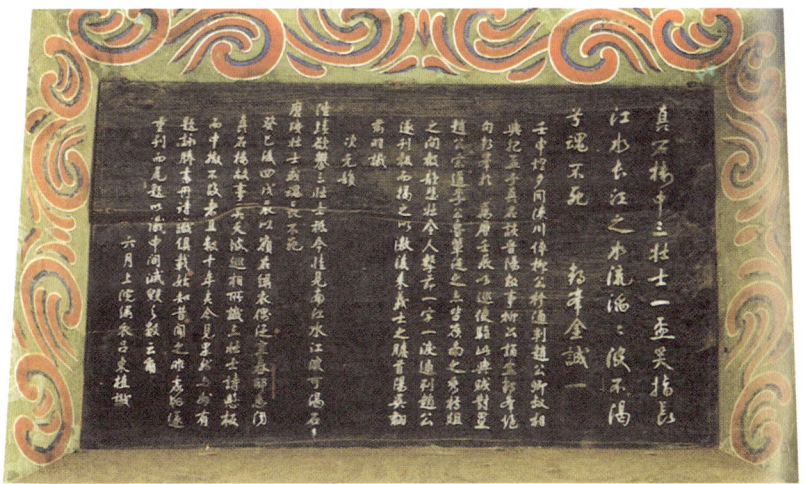

촉석루 삼장사 시 현판

모이기 때문이다. 그 힘은 전쟁의 상황을 되돌릴 바탕이 되었다.

함양에 있던 김성일은 산음, 단성을 거쳐 진주로 갔다. 그가 진주에 도착했을 때, 성안은 텅 비어 사람의 그림자조차 없고, 남강만 말없이 흐르고 있었다. 김성일은 조종도, 이로와 함께 슬픔과 분노가 묵받쳐 올라 남강 가에 있는 촉석루에 올라갔다. 김성일은 죽음으로써 나라의 은혜에 보답할 것을 맹세하면서 시를 지었다.

촉석루 위 세 장사,	矗石樓中三壯士
한 잔 술로 웃으며 남강에 맹세하네.	一杯笑指長江水
남강 물 도도히 흘러가나니,	長江之水流滔滔
저 강물 마르지 않듯 우리 넋도 죽지 않으리.	波不渴兮魂不死

이같이 새삼 각오를 한 김성일은 성안에 들어가 진주판관 김시민에게 "진주성을 적으로부터 막을 준비를 하라"고 명령하였다. 그는 "진주는 호남의 보루이다. 진주가 없으면 호남이 없고, 호남이 없으면 나라가 없어진다. 적의 목표가 호남이니 호남 수비에 소홀하면 만사가 끝난다. 그러므로 진주성만은 왜적의 손에 넘겨주지 말아야 한다"라고 강조하였다. 김성일은 점차 관과 백성의 힘을 모아 갔다. 의병들의 활동도 활발해졌다. 왜적들은 진주성을 공략하였으나 김성일이 지휘한 관군과 의병들의 활약으로 많은 사상자를 내고 퇴각했다. 『국조보감國朝寶鑑』은 당시 상황을 이렇게 적고 있다.

> 이순신은 수군을 거느리고 서해를 장악하고 있었고, 김성일은 관군과 의병으로 진주를 잘 지키고 있었다. 적이 호남으로 들어갈 수 없자 할 수 없이 금산을 거쳐 호서로 들어가려 하였으나, 여러 번 실패하고 후퇴하였다. 때문에 호서가 함락되는 것을 막았다. 나라는 이 두 도를 근거로 군량을 댈 수 있었고 나

라를 지킬 수 있었는데, 그것은 이순신과 김성일 두 사람이 철벽같이 방어한 전공이었다.

왜란이 일어난 지 반년이 지난 1592년 10월, 왜적은 전략상으로 아주 중요한 거점인 진주성을 다시 공격하기 위해 온 힘을 기울였다. 왜적은 3만의 병력으로 진주성을 10월 5일부터 7주야 동안 공략하였으나 끝내 실패하고 엄청난 사상자를 낸 채 물러났다. 김성일이 목사 김시민과 함께 진주성을 지켜낸 것이다. 이 싸움이 이순신의 한산대첩, 권율의 행주대첩과 함께 임진왜란 3대첩의 하나인 진주대첩이다. 가까스로 성은 지켜냈지만 끔직한 전투의 상처가 뒤에 남았다. 백성들은 굶주림에 아우성치고, 돌림병이 나돌아 쓰러지는 사람을 이루 다 셀 수가 없었다. 그는 쉼 없이 전쟁에 고통을 받은 백성들을 돌보는 한편, 여러 장수와 왜적과의 싸움에 대비하였다. 그러다가 깊은 병이 들어 1593년 4월 29일 진주공관에서 길이 잠들었다. 김성일은 나라가 전란의 불길에 휩싸여 무너질 위기에 온 힘을 다하여 나라를 구하고, 삶을 마칠 그 자리에서 재가 되어 스러졌다.

최현은 "영남이 오랑캐 땅이 되지 않은 것은 비록 의병들이 앞장서서 적을 물리친 공이지만, 의병들이 성공할 수 있도록 사람들을 감동시켜 그들의 마음과 힘을 모아 뒷받침한 것은 김성일이었다. 김시민이 힘써 싸워 진주성을 굳게 지켜내는 공을 이루었지만, 이 또한 김성일이 지휘를 잘하고 성 밖에서 도운 덕분이었다. 살아 있을 때는 경상우도의 사람들이 그를 의지하였고, 죽어서는 그 사람들이 서로 눈물을 흘리면서 슬퍼하였다"라고 하였다.

전쟁 중이라 바로 고향에 가서 장사 지내지 못하고 지리산 기슭에 임시로 장사 지냈다가 그해 12월 안동 와룡면 서지동 가수내 언덕으로 옮겨 장사 지냈다. 장사 때 시신을 모시려고 판 구덩이에서 큰북 모양으로 생긴 돌이 나왔다. 1619년 그 돌에 스승 이황 아래에서 함께 공부했던 한강寒岡 정구鄭逑(1543~1620)가 지은 「묘방석에 쓰노라」라는 글을 새겼다. 그 글은 아주 짤막하지만

묘방석

김성일의 일생을 매우 정확하게 기술하였다.

> 사순의 이름은 성일이니 문소김씨다. 무술년에 나서 계사년에 돌아갔다. 무진년에 문과, 임진년에 경상감사가 되었다. 일본 사행 길에 정직하고 흔들리지 않아 우리 임금의 위엄이 오랑캐 나라에 퍼졌고, 병란에 초유의 대명을 받고 도민을 지성으로 감동케 하여 영남지방에 들어온 적을 제어하여 막았다. 충성은 사직을 지키게 하였고, 이름은 나라 역사에 길이 전해지리라. 일찍 퇴계 선생 문하에 올라 심학의 핵심을 들었으니, 그 덕행과 공적이 영원토록 빛나리라.

1605년 김성일은 선무원종공신 1등에 뽑혔고, 가의대부 이조참판 겸 홍문관제학에 추증되었다가, 1676년 자헌대부 이조판서, 홍문관대제학으로 증직되었다. 1679년에 문충文忠이라는 시호를 받았다. 사관은 『선조실록』에서 김성일을 다음과 같이 평하였다.

> 김성일은 마음가짐이 굳세고 꿋꿋하며 학문이 독실하였다. 풍모는 고상하고 위엄이 있으며 행동거지는 가지런하였다. 너무 올곧아 바른말이 조정에서 받아들여지지는 않았으나 그 충성과 절개가 드높아 사람들이 감히 다른 의견을 내지 못하였다.

계해년 나라 일에 온 힘을 다하다가 군중에서 죽었다.

뒷날 정약용은 『택리지』 발문에서 "의성김씨는 학봉을 추대하여 내앞을 점유하였다"라고 하여 김성일을 내앞 의성김씨 최고의 인물로 꼽았다.

7) 그리운 이들

아버지 김진은 아들 성일에게 "차라리 옥이 되어 부서질지언정 기왓장이 되어 온전하기를 바라지 말라"고 가르쳤고, 스승 이황은 항상 '경건한 마음과 의리에 맞는 행동'으로 살아가라고 말하였다. 김성일은 부형과 스승의 가르침에 따라 스스로의 마음에 부끄럽지 않게 살고자 늘 마음으로 다짐했고 올곧고 당당하게 살다가 전장에서 돌아갔다. 언관으로는 대궐 안 호랑이라 불렸으나 백성의 고달픈 삶에는 남몰래 눈시울을 적실 줄도 알았다. 그는 속내에 그리움도 많은 사람이었다. 아래에 그의 그리움 몇 가지를 적어 그를 좀 더 깊이 이해하는 실마리로 삼는다.

(1) 아배 생각

1582년 아버지 상을 마치고 상복을 벗은 다음 김성일은 한

달 동안 둘째 형 김수일과 아버지가 터를 잡고 형이 지은 백운정에서 지냈다. 그곳에서 산소를 바라볼 수 있었기 때문이다. 이 「종상終喪」이라는 제목의 시는 그때 아버지를 그리워하며 지은 것이다.

상 마친 뒤 무슨 맘으로 집으로 돌아갈꼬,	喪後何心歸弊廬
백운정서 한 달 남짓 머물러 있었도다.	野亭彌月且僑居
천 줄기의 피눈물은 강물처럼 흐르고,	千行血淚傾河盡
삼 년 동안 얼굴 모습 꿈속에 들었도다.	三載音容入夢虛
산소 살핌 오랫동안 비바람에 못하였고,	繞墓久違風雨省
몸 어루만지면서 상복 벗음 통곡했다.	撫身長痛葛麻除
하늘 닿는 이내 한을 누가 먼저 알았을꼬,	窮天此恨誰先獲
주신 시 세 번 읽자 내 마음 들뜨네.	三復來詩更起予

(2) 어매 생각

백운정 난간마루 앞에 철쭉꽃 한 떨기가 있는데, 30년 전에 자친께서 당堂에 계실 때 심은 것으로, 느낌이 있어서 읊었다.

옛날에 심은 꽃이 아직도 남아서,	故物渠猶在
의연히 푸른 산에 기대어 있네.	依然倚碧山

주인 잃은 슬픈 세월 몇 년이던가,	幾年悲失主
오늘에야 단 오르니 마음 기쁘네.	今日喜登壇
꽃 보는 게 늦었다고 한하지 말라,	莫恨尋芳晚
빗속에서 볼 수 있길 기다린 거네.	還須帶雨觀
늙은 뿌리에 옛날 모습 남아 있어서,	靈根留舊賞
마주하니 눈물 줄줄 흘러내리네.	相對涕翻瀾
	「화단花壇」

김성일의 어머니 민씨가 돌아간 해는 1546년이고, 백운정이 완성된 것은 1568년이다. 백운정 자리에는 원래 부암서당이 있었다. 철쭉은 1546년 이전, 아마 부암서당 시절에 심은 것이리라.

(3) 아내 생각

1592년 12월 24일. 10월에 왜적과 목숨을 건 싸움 끝에 진주성을 지켜 낸 지도 두 달이 지났다. 경상우도감사로서 전쟁에 지쳐 시들어 쓰러져 가는 백성을 돌보고, 다시 올지 모르는 왜적과의 싸움을 준비하기 위해 눈코 뜰 새 없이 바쁘게 지내던 김성일은 애써 시간을 내, 당시 머무르고 있던 산음에서 안동 납실에서 피난생활을 꾸려가던 부인 권씨에게 한글로 쓴 편지를 보냈다.

언문편지

요사이 추위에 모두 어찌 계신지 가장 염려하네. 나는 산음고을에 와서 몸은 무사히 있으나, 봄이 이르면 도적이 대항할 것이니 어찌할 줄 모르겠네. 또 직산 있던 옷은 다 왔으니 추위하고 있는가 염려 마오. 장모 뫼시옵고 설 잘 쇠시오. 자식들에게 편지 쓰지 못하였네. 잘들 있으라 하오. 감사라 하여도 음식을 가까스로 먹고 다니니 아무 것도 보내지 못하오. 살아서 서로 다시 보면 그때나 나을까 모르지만 기필 못하네. 그리워하지 말고 편안히 계시오. 끝없어 이만. 섣달 스무나흗날.

지나치리만큼 올곧고 엄격한 모습을 지녀 언관 시절에는 '대궐 안 호랑이' 라 불리던 그였다. 그러나 비록 전장에 있는 처지라도 새해를 맞이하자 아내와 가족에 대한 애틋한 그리움을 끝내 묻어 둘 수는 없었다. 편지는 가족 전체의 안부를 묻고, 이어 자신은 잘 지내고 있다고 가족을 안심시킨다. 장모님 안부와 자식들에 대한 염려의 마음이 뒤를 잇는다. 사정이 넉넉지 않아 새해가 되어도 아무런 음식을 보내지 못하는 자신의 처지를 이해해 주길 바랐다. 스스로의 목숨조차 어떻게 될지 모르는 전쟁 상황을 넌지시 전하며 그리워하지 말라는 말 속에 그리움을 한껏 담았다. 편지와 함께 도착한 꾸러미에는 조기 2마리, 석이버섯 2근, 석류 20개가 들어 있었다. 넉 달 뒤 그는 진주성의 공관에서 삶을 마쳤다.

(4) 스승 생각

스승 이황이 돌아간 지 5년이 지난 1575년 7월, 김성일은 문득 도산에 갔다. 도산서당에서 지난해 서원이 된 도산서원은 그의 감회를 새삼스럽게 했다. 그날 밤 달이 밝았다. 그는 달빛에 젖은 오동나무와 대나무가 뜰에 가득한 것을 보고 이리저리 거닐다가 스승 그리운 마음이 왈칵 솟아나 눈물을 흘리며 시 한 수를 읊었다.

저녁 구름 떠 있는가 유정문은 닫혀 있고,	幽貞門掩暮雲邊
사람 없는 뜨락 가엔 달빛만이 가득하네.	庭畔無人月滿天
천 길 높이 날던 봉황 어디로 날아가고,	千仞鳳凰何處去
벽오동과 푸른 대만 해마다 자라는가.	碧梧靑竹自年年

봉황은 성인을 상징하는 새이다. 스승은 봉황이었다. 그로부터 십몇 년이 흐른 1588년 그는 석문정사에 오동나무와 대나무를 심어 스승에 대한 그리움을 영원히 간직하고자 하였다.

2. 학봉의 후예들

　　김성일은 벼슬길에 들어선 이후 전쟁터에서 삶을 마칠 때까지 주로 관직에 있었다. 그러므로 젊은 시절 퇴계문하에서 수학하였던 몇 년을 제외하고는, 학문의 깊이를 더하고 제자들을 교육하겠다는 그 자신의 바람과는 달리 학문에 몰두할 시간도, 제자들을 기를 여력도 없었다. 그래서 그는 학문에 관한 저술이 많지 않고 제자들도 적다. 그러나 김성일은 평생토록 의리를 실천하고 나라에 충성하며 백성을 사랑하였다. 그의 이러한 정신은 길이 후손들과 지역 선비들의 표상이 되기에 넉넉하였으므로, 이 지역 사람들의 그에 대한 존경의 마음은 근대에 이르기까지 한 치도 변함이 없었다. 다음은 그 하나의 예이다.

일제강점기인 1930년대 서울 청량리에서 안동까지 이어지는 중앙선 철도 노선을 설계할 때였다. 그 설계에 따르면 철도 노선이 김성일의 묘소가 있는 가수내를 뚫고 지나가게 되어 있었다. 따라서 설계 그대로 철도를 내면 김성일 묘소로 내려온 용(來龍)의 맥이 끊어진다. 풍수의 관점에서 보면 이는 김성일에 대해 있을 수 없는 매우 불경스러운 일이다. 이를 알게 된 김성일의 후손, 제자들의 후손, 후대에 학맥을 이은 이들의 후손을 포함한 지역 유림 수백 명이 들고 일어나 조선총독부에 진정서를 냈다. 당시 설계를 맡았던 일본인 책임자 아라키(荒木)도 김성일이 영남에서 존경 받는 큰선비임을 알고 기꺼이 묘소를 관통하지 않고 우회하도록 설계 변경을 했다고 한다.

김성일의 의리는 멀리 호남에도 미쳤다. 광주의 제봉霽峰 고경명高敬命(1533~1592)은 임진왜란 당시 의병대장으로 고종후, 고인후 두 아들과 함께 금산전투에 참가하였다. 그는 전투에 나가면서 막내아들인 16세의 고용후를 경상도의 김성일 집안에 맡겼다. 아마 김성일이 나주목사로 있던 시절 그와 의리로 맺은 인연이 있었기 때문이리라. 김성일 집안에 전해오는 이야기에 의하면, 고경명은 어린 아들을 보내면서 "너는 어머니를 모시고 경상도 안동 금계의 김학봉 선생 댁을 찾아가서 피난을 하여라. 그 댁은 높은 의리가 있는 집이니 난리 중에도 너희들을 그냥 죽게 버려두지는 않을 것이다"라고 당부했다고 한다. 고용후는 천리나

떨어진 낯선 안동의 김성일 집에 어머니를 포함한 가솔 50여 명과 함께 피난을 왔다.

고경명과 그의 둘째 아들 고인후는 1592년 7월 10일의 금산전투에서 함께 전사하였다. 겨우 살아남은 고경명의 큰아들 고종후는 부형과 나라의 복수를 한다는 뜻에서 복수장이란 이름을 내걸고 의병장으로 활동하다가, 다음 해 6월 29일 진주성전투에서 성이 함락되자 최경회, 김천일과 함께 남강에 몸을 던져 자결하였다.

임진왜란 중에 고용후를 비롯한 고씨 일가족 수십 명은 김성일 집안사람들과 함께 동고동락하며 어려움을 견뎌냈다. 김성일 가족도 이때 임하의 가래재 아래 납실에서 피난살이 중이라 먹을거리 마련도 어려웠지만, 김성일의 장남 김집金潗을 비롯한 가족들은 고용후 일가와 함께 죽을 먹고 산나물을 먹으면서 고생을 같이했다. 그러던 중 고용후는 금산전투에서 아버지와 형이 전사했다는 소식을 들었다. 일 년도 채 안 되어 김성일이 호남의 관문이 되는 진주성을 지키다가 병을 얻어 돌아갔다는 소식이 전해졌다. 몇 달 뒤 또 고용후의 큰형 고종후가 2차 진주성 싸움에서 돌아갔다는 소식도 들려왔다. 고경명 집안과 김성일 집안은 모두 가장이 전쟁터에서 전사하는 동병상련의 처지가 되었다. 고용후와 나이가 서로 비슷하였던 김성일의 손자 김시권金是權은 "자네 집이나 우리 집이나 다 같이 난리를 만나서, 자네는 아버님이 돌아가시고, 우리는 조부님이 돌아가셨으니 서로 마찬가지네. 그렇다고 학문에 힘쓰지 아니하면 나중에 옷 입은 짐승이 될 것이 아니겠는가?" 하고 그 어려움 속에서도 함께 학문에 힘썼다.

김성일 집에서 4년 동안 피난하였던 고씨 일가는 전쟁이 끝나자 광주로 되돌아갔고, 1605년의 과거시험에서 고용후와 김시권은 나란히 합격하였다. 1617년에 고용후는 안동부사가 되어 안동으로 부임하였다. 그는 그때까지 생존해 있던 김성일의 부인과 큰아들인 김집을 관아로 초청하여 크게 잔치를 베풀었다. 고용후는 "두 분의 은덕이 아니었다면 어찌 오늘이 있겠습니까?" 하고 울면서 큰절을 올렸다고 한다.

그로부터 400여 년이 흐른 2004년 초 어느 추운 날, 고씨 성을 가진 한 손님이 우연히 금계 학봉종가를 찾았다. 이런저런 말끝에 얘기가 옛날 고용후와 학봉가의 인연에 미쳤다. 그 손님은 깜짝 놀라며 자신이 고용후의 후손임을 밝혔다. 그는 당시 안동에 있던 군부대의 고재오 준장이었다. 그는 왜적과 싸우다 순국한 선조를 둔 양 가문의 후손들에게 더욱 의미가 있는 삼일절에 다시 찾아와, 학봉종가 대문 앞 빈터에 선인들이 맺은 큰 의리의 인연을 기리는 나무를 심었다.

김성일의 학문은 경당敬堂 장흥효張興孝(1564~1633)를 통하여 이어진다. 장흥효는 같은 마을에 살고 있던 김성일에게 가르침을 받았는데, 김성일은 장흥효의 아버지 장팽수와 사촌동서 사이였다. 장홍효는, 김성일이 세상을 떠난 뒤에는 김성일과 동문인 류성룡과 정구한테서도 가르침을 받았다.

장홍효의 딸 정부인 장씨(1598~1680)는 아버지의 제자인 영해의 석계石溪 이시명李時明(1590~1674)에게 출가하였다. 장씨부인은 남편의 전 부인이 낳은 아들과 자신이 낳은 아들 여섯 형제를 똑같이 훌륭한 선비로 길러 재령이씨의 학문을 흥성하게 한 여중군자이다. 장씨부인의 큰아들 이휘일李徽逸과 그의 아우 이현일李玄逸은 외조부 장홍효를 통해 이황에게서 김성일에게 전해진 학문의 요체를 이어 받았다. 이휘일은 평생 벼슬하지 않고 학문에만 힘을 썼고, 이현일은 과거를 거치지 않고도 덕과 행실로 추천되어 벼슬길에 들어선 뒤 이조판서를 지냈다. 이현일은 이황의 리기호발설理氣互發說을 끊임없이 비판해 온 율곡학파의 송시열에 맞서 이이의 리기론을 조목조목 비판한 것으로 유명하다.

그들 또한 이어 받은 학맥의 학문을 후대에 전하였다. 그 학문은 이현일의 아들 이재李栽를 거쳐 이재의 외손인 이상정李象靖에게 전해졌는데, 이상정은 소퇴계小退溪라 불릴 정도로 왕성하게 학문을 탐구하고 강학활동을 하였다. 이상정의 학문은 남한조南漢朝를 거쳐 류치명柳致明에게 전해졌고, 류치명으로부터 다시 김성일의 11대 종손인 김흥락金興洛에게로 이어졌다. 이들은 각각 적게는 수십 명, 많게는 수백 명의 제자를 길러서 이황의 학문을 깊이 연구하고 널리 펴는 데 크게 이바지하였다.

김성일은 전장에서 혼을 살랐지만, 그의 후손은 금계에 든든히 자리 잡아 크게 번성하였다. 그의 후손에서 대과(문과) 10명, 소과(생진과) 25명이 나왔고, 은일·음직으로 벼슬한 사람이 32명이다. 항일독립운동으로 포상 받은 사람도 16명에 이른다. 그러나 이보다 더 중요한 것은 김성일의 후손에서 이름 있는 학자와 선비가 끊이지 않고 배출되었다는 사실이다. 그들은 선조 김성일을 거쳐 이어진 퇴계학맥의 뛰어난 선비들에게 가르침을 받으며 선조의 학문과 의리 실천의 정신을 이어갔다. 그래서 학봉 가문에서는 학자와 열사가 줄줄이 이어 나왔다. 너무 많은 인물이 나왔기 때문에 그들을 일일이 거론하자면 한이 없다. 그래서 범위를 좁혀 학봉종가와 종손에 한하여 글을 잇기로 한다.

　학봉종가의 역사는 김성일이 돌아간 후 첫 종손 김집金潗부터 현 15대 종손 김종길에 이르기까지 420여 년의 역사이다. 헤아리기 만만치 않은 세월인 만큼 그 사이 녹록하지 않은 곡절과 견디기 힘든 어려움들이 적지 않았다. 그런 가운데에서도 종손들은 대대로 선조의 정신을 잇고 학문을 닦아 첫 종손 김집부터 10대 종손 김진화까지 모두 유고를 남겼다. 학봉종가의 역사에서 크게 두드러지는 어려움은 두 가지이다. 하나는 4대 종손 김세기와 그 두 아들이 신송문제로 귀양을 산 일이다. 다른 하나는 11대 종손 김흥락에서 13대 종손 김용환에 이르기까지 항일독립운동을 하면서 겪은 큰 고난이다. 고난은 겹쳐 온다 하던가. 학봉

종가는 11대 김흥락부터 13대 김용환까지 모두 양자를 들여야 했다.

여기서는 김성일의 덕행과 정신을 잘 받들어 그것을 가문의 전통으로 삼고 후대에 이어주었다고 여겨지는 손자 김시추와 김성일 학맥의 마지막 봉우리로 우뚝 솟은 11대 종손 김흥락, 그리고 나라를 왜적에 빼앗긴 시절 항일독립운동에 몸 바친 13대 종손 김용환만을 살핀다.

1) 풍뢰헌 주인 김시추

단곡端谷 김시추金是樞(1580~1640)는 김성일의 맏손자이다. 타고난 성품이 꿋꿋하고 반듯하여 어릴 때부터 활기차고 위엄 있는 사대부의 풍모가 있었다고 한다. 김성일은 손자 시추를 보고 "이 아이는 뒷날 세상에서 남의 뜻만을 따르지는 않을 것"이라 하였다. 이는 김성일의 아버지 김진이 그 아들 성일을 평가하여 "이 아이는 남에게 굽히며 살아가지 않을 사람이 될 것이다"라고 한 내용과 아주 비슷하다. 그러니 김성일이 혹 아버지의 말씀을 기억하며 자신을 닮은 손자를 바라보았을지도 모르겠다. 김시추는 약관에 류성룡에게 배웠고, 삼십여 세 되던 때에는 정구에게 배웠는데, 류성룡은 "뜻밖에 이제 다시 우리 벗님을 쏙 빼닮은 손자를 보았다" 했고, 정구는 "자네 집에 퇴계 선생으로부터 내려

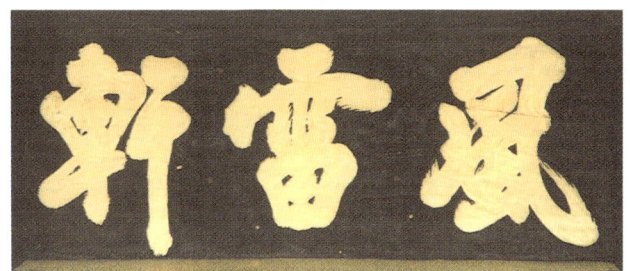
풍뢰헌 현판

온 학문의 올바른 맥이 있으니 다시 더 구할 것이 있겠나" 하며 기꺼워했다고 한다.

김시추는 1621년 영남유생이 모여서 나라를 그릇되게 하고 패륜을 저지른 이이첨을 죽이라는 만인소(請斬李爾瞻疏)를 올릴 때, 상소의 대표로 소를 올렸다. 당시 권력을 잡고 나라를 뒤흔들던 이이첨은 대간을 시켜 김시추를 탄핵하였다. 그는 탄핵을 받아 위태로운 입장에 처했는데도 조금의 흔들림도 없이 제2, 제3의 소를 올렸다. 1627년 정묘호란이 일어났을 때는 의병대장에 추대되었고, 1636년 다시 병자호란이 일어나자 안동유진장安東留陣將이 되어 활동하였다. 그는 나라가 어려울 때마다 나서서 온 힘을 다해 나라를 구하는 일에 몸을 바쳤다. 이를 두고 사람들은 '그 할아버지에 그 손자'(鶴爺有孫)라고 칭송하였다고 한다.

그는 집을 지어 풍뢰헌風雷軒이라 이름 붙이고, 손수 현판을 써서 마루에 걸었다. 그리고 주자의 "분노를 억누르기를 산을 꺾듯이 하고, 욕심을 막기를 골짜기를 메우듯이 하라"는 말을 크게 써서 벽에 붙이고 아침저녁으로 보면서 스스로를 성찰하였다. 이때부터 학봉종가를 풍뢰헌이라 부르게 되었다.

　풍뢰헌은 주역의 익益(風雷益)괘에서 따온 말이다. 익은 세상을 이롭게 한다는 뜻을 지니고 있다. 익괘의 「단전彖傳」에서는 세상을 이롭게 하려면 '위를 덜어 아래에 보태야 한다'고 하였고, 「상전象傳」에서는 '선을 보면 따라하고 허물이 있으면 고쳐야 한다'고 하였다. 즉 선으로 나아갈 때는 바람처럼 빠르게(疾風), 허물을 고칠 때는 우레처럼 과감하게(迅雷) 하라는 의미이다.

　위를 덜어 아래에 보태면 기초가 튼튼해져 결국 위도 든든해지는 법이다. 선을 보면 바람처럼 빠르게 따라하고, 허물이 있으면 우레와 같이 과감하게 고쳐야 끊임없이 앞으로 나아갈 수 있다. 할아버지를 닮은 손자는 할아버지가 끊임없이 스스로를 가꾸어 나가던 모습과 나라의 기초인 백성의 삶을 늘 걱정하던 마음을 할아버지의 가르침으로 보고, 익괘의 괘상과 「상전」과 「단전」의 풀이를 빌려 되새긴 것이다. 그래서 그는 분노와 욕망을 단속하는 글귀로써 스스로의 삶을 매일매일 살폈으리라. 『금계지』에는 풍뢰헌을 영모헌永慕軒이라고도 불렀다고 기록되어 있다. 김시추는 마음의 경건한 수양과 의리의 당당한 실천이라는 조부 김성일의 가르침을 바람처럼 빠르게 우레와 같이 과감하게 따르는 일이 바로 조부를 길이 사모하는 일이라 여겼던 것이다. 김성일의 제자 권산립權山立은 영모재와 풍뢰헌을 다음과 같이 읊었다.

> 영모재 안에서 길이 잊지 못하니,
> 진실로 태우太宇의 경사당敬思堂 같구나.
> 부모 사랑하여 효성이 종신토록 간절하고,
> 조상 존중하는 성실한 마음 죽도록 장구했네.
> 가르치고 경계하는 그 음성 귀에 쟁쟁하고,
> 위의와 웃는 모습 저절로 눈앞에 선하네.
> 흐르는 물 깊으니 근원이 먼 줄 알 수 있고,
> 법도를 보면 대대로 아름다움 이을 줄 알리.
> 풍뢰헌 아래에는 온갖 꽃들 피어나 있으니,
> 우리 그대 옛날 생각 길었음을 깊이 아네.
> 무숙의 못 가운덴 오직 정우,
> 연명의 울타리엔 서리 능멸하는 국화뿐.
> 신 매실 절로 맺히니 낭묘에서 조리되고,
> 대나무 열매 앞날을 기약하여 봉황을 기다리네.
> 영모재 뜰에서 항상 조산을 대주하는데,
> 천 길의 학산은 푸른 빛 머금었네.
> 永慕齋中永不忘　眞如太宇敬思堂

愛親孝懇終身切　　尊祖誠心沒世長
教戒聲音如在耳　　儀形笑貌自盈眶
流深亦可知源遠　　維則將看代襲芳
風雷軒下列群芳　　深感吾君古意長
茂叔池中有淨友　　淵明籬畔獨凌霜
梅酸自凝調廊廟　　竹實將期待鳳凰
永慕庭中常對越　　鶴山千丈帶靑光

2) 퇴계학맥의 마지막 봉우리 김흥락

서산西山 김흥락金興洛(1827~1899)은 학봉 김성일의 11대 종손이다. 그는 가문에서 학문의 기초를 닦은 뒤에 류치명의 문인이 되었다. 그는 류치명에게서 퇴계 이황에서 비롯하여 학봉 김성일을 첫 봉우리로 하는 퇴계학파의 정맥을 이어받아 우뚝한 마지막 봉우리가 되었다. 김흥락은 당시 영남유림의 종장이요, 지역을 상징하는 인물이었다. 그래서 아무리 학문이 뛰어나고 인격이 높다고 사람들이 평가해도, 그의 인정을 받지 못하면 학자로서 행세를 못했다고 한다. 그는 또한 문인록 『보인계첩輔仁稧帖』에 705명의 이름이 실려 있는 데에서 알 수 있듯이 많은 학자를 길러냈다.

김흥락은 금계에서 능주목사를 지낸 부친 김진화와 회재 이언적 종가의 딸인 어머니 여강이씨 사이에서 태어났다. 그는 혼인한 지 3년이 지나도록 자식을 보지 못한 부친이 학가산에 올라가 기도를 올린 뒤 태어났다. 정성스러운 기도의 효험이었던가. 태어나기 전날 밤 꿈에 한 늙은 스님이 나타나 돈 백 닢을 구리쟁반에 담아 주면서 "지금 귀한 아들이 태어날 것입니다. 저는 서산대사입니다"라고 하였다 한다. 김흥락의 일생에는 그 밖에도 여러 가지 일화가 전해온다.

'부친 김진화 공이 처가에 가서 초례상을 받았을 때, 꿩 한 쌍이 날아와 앉았다', '서산 선생이 병이 들어 위독하였는데 한겨울 눈 위에 뱀이 나와 그것을 고아 먹고 나았다', '서산 선생이 꿈속에서 공자를 만나 경전 구절이 적힌 옥으로 만든 홀을 받았다', '서산 선생이 돌아가시기 며칠 전 밤, 큰 별이 집 위에 떨어져 사방을 환하게 비쳤는데 그 빛이 오래도록 사라지지 않았다' 등이 그것이다. 이러한 일화는 그가 당시에 이 지역에서 얼마나 큰 위상을 지니고 있었는지를 잘 보여 준다.

그는 신비스러운 일화가 전해올 만큼 예사롭지 않은 총명을 지니고 태어났다. 5세 때 『천자문』을 떼었으며 6세에 『사략』, 『통감』, 『당시』까지 읽은 신동이었다. 그는 어려서 재종숙 김진룡에게 가르침을 받았는데, 6세 때 하루는 커다랗게 새 한 마리를 그려 놓고 "날면 하늘을 찌를 것이요, 울면 사람을 놀라게 할 것이다"(飛將衝天, 鳴將驚人)라고 큰 글씨로 써 어린아이답지 않은 호방한 기개를 보여 주변 사람을 놀라게 했다. 그는 선조 김성일의 당찬 기질을 제대로 이은 종손이었다.

김흥락은 1841년 관례를 행했다. 이때 이황의 10대 종손 이휘녕(1788~1861)이 빈賓이 되어 자字를 내리고 자사字辭를 지었다. 그는 자사에서 "자네의 집에 옛날부터 간직해 온 10첩 병풍, 우리 도학의 적전을 담은 지침이라네. 나의 선사로부터 적전이 있었으니 효손으로 잘 이어가야 하리"라고 「병명」을 예로 들어 이황의 정통을 이은 것이 김성일이고 김흥락은 그 종손이니, 종손으로서 그것을 잘 이어가라고 당부하였다.

그해 김흥락은 이황 가문의 후손 이만억의 딸에게 장가들었다. 그 인연으로 선배인 이만각과 교유하였다. 이만각은 그를 깊이 신망하여 이황이 경연에서 임금으로부터 하사 받은 옥으로 만든 서진書鎭을 주기도 하였다. 그 즈음에 김흥락은 학문에 더 마음을 쓰라는 아버지의 말씀을 받들어 타고난 호방한 기품을 안으로 접는다. 그 아버지 김진화는 아직 나이 어린 사위 이만운에게 과거공부를 하라고 손수 과거 문장을 적어 책을 만들어 줄 정도로 자녀에 대한 애정과 기대가 많은 사람이었다.

호방한 기품은 학문에 대한 열정으로 바뀌었다. 그리하여 16세 되던 해 섣달 그믐날에 벌써 '나이는 들어가는데 학문을 이루지 못하였으니 내가 이에 진보하지 못할까 탄식하노라' 라는 시를 지었다. 다음 해에는 성현의 격언을 뽑아 『제훈집설요람諸

訓集說要覽』이라는 책을 꾸미면서 정자·주자·퇴계의 말씀 가운데 경敬에 관한 조목을 모아 적고, 그 아래에 자신이 보고 깨달은 바를 적었다. 그는 성현의 수많은 말씀 중에 경만한 것이 없다고 하면서, "뜻을 굳게 세우며, 마음을 평탄하게 지키고, 동작은 편안하고 침착하게 하며, 말은 따뜻하고 부드럽게 해야 한다"라고 수양하는 자세의 여러 조목을 간단하고 명료하게 제시하였다. 나아가 "마음과 뜻은 푸른 하늘 밝은 달과 같아야 하고 위엄과 태도는 태산과 같이 장중하고 우뚝하여야 한다. 독서는 다른 뜻을 깊이 구해서는 안 된다"라고 스스로를 경계하였다.

김흥락의 학문에 대한 열정은 그 누구와도 견줄 바가 아니었

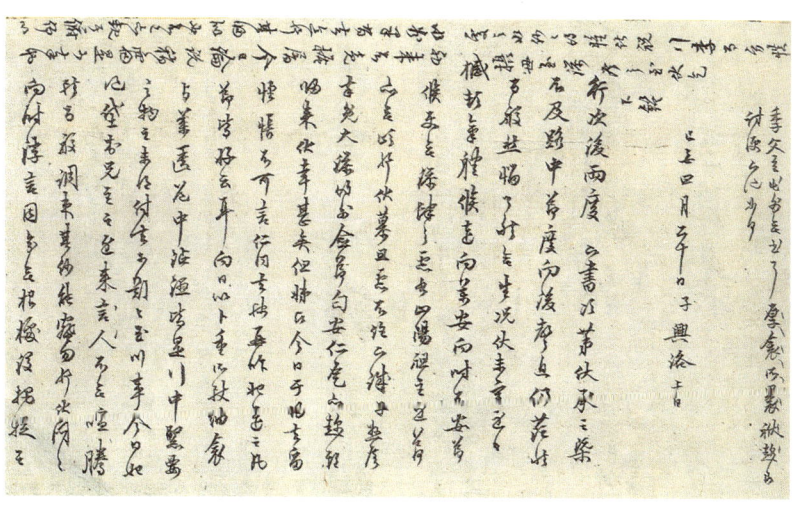

김흥락 유묵

다. 그는 새벽이 되도록 잠을 자지 않고 공부에 열중하였다. 때로 졸음이 오면 앉아서 잠깐 눈을 감는 정도였다. 몸이 상할까 걱정한 아버지가 "공부가 지나친 것은 학문을 하는 올바른 도리가 아니다"라고 하자, 그 뒤로는 낮은 소리로 글을 읽어 그 소리가 아버지 계시는 곳에 안 들리도록 조심하였다.

김흥락은 학문에 대한 열정을 실천하는 방법을 스스로 엄격하게 규정하여 놓고 그대로 실천하였다. 매일 글 50~60줄씩을 아침에 30번, 낮에 120번, 밤에 150번씩 읽고, 여가에는 경전의 작은 주석들을 보았다. 글씨도 4차례씩 익혔는데 한 번에 꼭 4줄씩 썼다. 밤에는 선유의 문집을 10장씩 읽었고, 봄·여름에는 매일 시와 글을 3편씩 지었다.

김흥락은 19세 되던 해 청성서원의 강회에 갔다가 정재定齋 류치명柳致明(1777~1861)을 뵙고 그의 제자가 되었다. 그 후 스승을 뵙거나 편지를 통하여 스승이 돌아갈 때까지 경학, 성리설, 수양론, 가례 등의 문제에 관하여 질문하고 가르침을 받았다. 그 사이에 이미 그는 스승 류치명에게 자신의 학문을 이을 사람으로 인정받았다. "자네 병이 낫고 안 낫는 것이 사문(퇴계로부터 이어 온 학문)에 관계가 크니 하늘 뜻이 어떠할까?" 스승 류치명이 병석에서 이렇게 걱정할 정도였다.

김흥락은 경에 관한 공부에 특별히 관심을 기울였다. 그가 이은 학맥의 종장인 이황 학문의 핵심이 바로 경이었고, 선조 학봉 학문의 핵심도 바로 경이었기 때문이다. 그는 스승 류치명과 더불어 이상정의 『경재잠집설敬齋箴集說』에 관해 깊이 토론하였다. 주자의 「경재잠」은 심성을 경으로써 수양하는 것을 논한 글이다. 퇴계 이황도 『성학십도』에서 경의 실천 방안을 구체적으로 드러내 밝혔다. 소퇴계라고 불리기도 하였던 이상정은 이러한 경의 '마음가짐'과 그 실천에 대하여 이론적으로 밝히고자 「경재잠」에 관한 방대한 학설을 모아 『경재잠집설』을 편찬하였다. 김흥락 또한 같은 맥락에서 『경재잠집설』을 스승 류치명, 선배 이만각과 토론하였으며, 그 자신이 「경재잠집설도」를 그렸다. 경에 관한 공부는 그의 평생의 삶과 학문에 있어서 매우 중요하고 의미 있는 주제였고, 그것은 또한 가문의 정신과 학문의 맥을 바르게 잇는 길이기도 했다.

　　김흥락의 학문을 살펴볼 수 있는 글이나 저술은 비교적 적다. 그런 가운데에서도 그는 28세 무렵 그의 학문론의 정화라고 할 수 있는 「입학오도入學五圖」를 지었다. 여기서 그는 학문의 방법을 뜻을 세움(立志), 마음을 경건하게 지님(居敬), 사물의 이치를 밝힘(窮理), 힘써 실천함(力行)의 4가지 기본 틀로 하고, 이 4가지 기본 틀이 지니는 유기적 상관관계를 총도總圖로 하여, 모두 5개의 그림으로 밝히고 있다. 그는 30세를 전후하여 이미 자신의 학문 세계를 완성하였던 것이다.

　　김흥락은 벼슬길에는 뜻을 두지 않았다. 그는 일찍이 부친에게 "요즘 공부는 사람 망치기 쉽습니다"라고 하였다. 이는 과거공부를 그만두고 오직 마음공부를 바라는 뜻이었다. 그래도 부친이 은근히 과거 보기를 권하자, 24세 때 한성 증광시를 보았다. 그러나 그 뒤로는 관직에 전혀 뜻을 두지 않았다. 40세 때 어사 박선수가 지방의 숨어 있는 인재로 천거해 인릉참봉에 임명되고, 뒤이어 조봉대부사옹원주부를 제수 받았다가 얼마 되지 않아 경상도사로 다시 임명되었어도 나가지 않았다. 56세 때도 사헌부지평을 제수 받았으나 상소를 올려 사양했고, 68세 때는 승문원우부승지와 영해부사를 제수 받았으나 나아가지 않았다. 그는 오직 학문의 길로 힘껏 나아갔다.

  김흥락은 1878년 집 옆 개울 건너에 있는 복병산 아래에 서산재西山齋를 짓고 학문에 정진하면서, 안동 인근의 여러 곳에서 열리는 강회에서 강의를 하고, 향음주례를 베풀어 유학의 진흥을 도모하며, 때로는 학봉 김성일의 종손으로서 선대의 미진한 유적을 정비하고 행장과 유사를 짓는 등 종가와 문중의 일을 돌보며 지냈다.

  그는 당시 안동 인근에서 가장 두터운 신망을 받는 인물이었다. 1890년 김학수라는 안동부사가 아전들과 결탁하여 민폐를 심하게 저지르자, 안동읍의 백성들이 폭동을 일으켰다. 사태가 위태롭게 되자 부사가 겁에 질려 향청에 물으니 향읍의 사람들 모두가 "서산 선생이 아니고는 진정시킬 수가 없습니다"라고 하였다. 선생이 나서자 시장을 닫았던 사람들이 다시 문을 열고 읍민 가운데 피하였던 사람들이 다시 돌아와 "금계 대장 나리께서 오셨으니 우리들은 이제 살았다"라고 하였다. 김흥락이 부사에게 "백성의 실정이란 순리에 따르면 좋고 어그러지면 거스르는 것이니 백성들의 실정에 순응해야 한다"라고 꾸짖고, 향당에 나아가 각 면의 장을 불러 대의와 사리로써 깨우치니 성난 백성들이 모두 그의 말을 믿고서 해산하였다고 한다.

한편 그는 점점 다가오는 개화의 물결을 전통을 지키는 입장에서 배척하였다. 1894년 영해부사 임명을 사양하는 상소에서 그는 '유학을 숭상할 것, 권세가를 물리치고 어진 사람을 등용할 것, 백성의 부역을 경감시킬 것, 검약하여 국가의 재정을 절약할 것' 등의 내수책을 제시하였다. 그는 이와 같이 안을 튼튼히 하면 나라의 원기가 회복되어 외부의 그릇된 학문과 종교가 저절로 사라질 것으로 보았다. 이는 유학의 소박한 정의관, 정치관을 표현한 것이다. 그러한 입장에서 1879년 어사가 중국 사람 황준헌이 개화의 측면에서 조선, 중국, 일본의 삼국관계를 논한 황준헌의 『조선책략』을 보내왔어도, 1895년 조정에서 유길준의 『서유견문록』을 보내왔어도 엄하게 사양하여 돌려보냈다.

김흥락은 1895년 명성황후가 왜적의 무리에게 시해를 당하고 이어 단발령이 내려지자 김도화·류지호 등 당시의 안동의 대표적인 유학자들과 더불어 통문을 돌려 의병을 모집하고 의병 봉기에 참여하였다. 그는 "아, 이 몸이 한번 죽으면 오히려 의로운 귀신이 될 것이나, 이 머리를 한번 깎이면 영원히 오랑캐의 노예가 될 것이니 각자 마음에 맹세하여 대의를 붙잡을지어다"라고 외쳤다. 그는 의병을 이끌고 안동을 점령하였으나, 병약한 데다 이미 68세의 고령이었던 터라 권세연에게 대장을 맡기고 일선에서 물러나 적극 후원하였다. 또한 그는 종가와 문중을 지켜야 하는 종손의 입장이기도 하였다.

김흥락은 1895년에서 1896년에 걸친 1차 권세연 의병부대, 2차 김도화 의병부대에 노령과 병약함에도 불구하고 적극적으로 참여하고 후원했다. 하지만 왜군과 치렀던 태봉전투에서의 처참한 패배와 잇따른 의병부대의 패퇴에는 달리 방안이 없었다. 심지어는 직접 왜적에게 묶이고 가산을 압수당하는 치욕과 의병 포대장으로 활동하던 사촌동생 김회락이 왜경에 체포되어 포살당하는 견디기 힘든 아픔을 겪기도 했다.

1899년 10월 김흥락은 병이 위중해졌다. 제자들이 나라의 문호를 보존하여 지켜가는 방법을 묻자 그는 "배에 구멍이 나서 물이 새어 들어올 때 헌 옷가지로 막아 물이 들어오지 않도록 하여야 함과 같다"라고 하며 나라의 문호를 개방하는 것을 경계하였다. 그는 "내가 서산재에 있었으므로 사람들이 서산이라고 하였으나 하늘이 주신 병옹病翁이라는 호가 옳다. 벼슬에는 한 번도 나아간 적이 없으니 관직을 쓰지 말고 '징사徵士 문소 김공'이라고만 하라"라고 말한 뒤 73세로 숨을 거두었다.

그가 만년 3년 동안 직접적인 행동 대신에 학문에 전념하고 침묵하였던 것은 안을 튼튼히 하여 밖의 그릇됨이 들어오는 것을 막고자 한 그의 소박한 정치관의 반영이다. 또한 의리의 실천에 직접 행동으로 나서기에는 너무 고령인데다가 그에게 지워진 가문과 학맥을 잇고 지켜야 하는 짐의 무게가 결코 가볍지 않았던 것이다.

그러나 그의 침묵은 단순한 침묵이 아니었다. 김흥락이 의병활동에 직접 참여하였을 때는 당연히 문중과 문인들 가운데 동참자가 많았지만, 그 이후 일어난 중·후기 의병인 이강년 의병부대, 김상태 의병부대에도 금계마을의 문중 후손들이 많이 참여하였다. 1910년 나라가 일제에 강점당하는 국치를 당한 후에는, 그의 문중 후손 가운데 일부가 내앞 의성김씨들과 함께 만주 망명길에 올라 독립운동을 하기도 하였다.

그의 말없는 가르침은 문인들과 문중의 후손들에게 제대로 전해졌다. 그들은 의병, 계몽운동, 만주 망명과 독립운동, 임시정부 지원활동 등 끊임없는 투쟁을 펼쳤다. 김흥락의 가문에서는 그의 손자로 건국훈장 애족장을 받은 김용환을 비롯하여 가까운 친척 가운데 16명의 독립유공자가 나왔고, 학문을 이어 받은 제자 중 독립유공훈장을 받은 사람만 60여 명에 이르고 있다. 제자들 가운데 대표적인 독립운동가 10명을 들면 다음과 같다.

석주石洲 이상룡李相龍(상해 임시정부 국무령: 건국훈장 애족장)

일송一松 김동삼金東三(국민대표회의 의장: 건국훈장 대통령장)

기암起巖 이중업李中業(파리장서 주도: 건국훈장 애족장)

성재省齋 권상익權相翊(유림단 독립청원서 사건: 건국훈장 애족장)

공산恭山 송준필宋浚弼(파리장서 주도: 건국훈장 애족장)

대계大溪 이승희李承熙(만주 독립군: 건국훈장 대통령장)

성대星臺 권세연權世淵(의병대장: 건국훈장 애국장)

백하白下 김대락金大洛(만주 독립군: 건국훈장 애족장)

소창笑蒼 김원식金元植(만주 정의부: 건국훈장 독립장)

해창海窓 송기식宋基植(삼일운동: 건국훈장 애족장)

이러한 사실은 그의 침묵이 또 다른 의미를 지니고 있었다는 사실을 보여 준다. 김홍락 자신도 항일의병활동의 공적을 인정받아 1995년 건국훈장 애족장을 추서 받았다.

3) 자랑스러운 우리 아배 김용환

1896년 7월 22일 한 무리의 안동관찰부 병대와 왜병들이 금계마을의 학봉종가로 들이닥쳤다. 얼마 전 100여 명의 안동 의병이 안동 북후 옹천에서 일본군과 싸움을 벌인 일이 있었는데, 달아난 의병들을 찾는다는 명목이었다. 그들은 종가 안방 다락에

숨어 있던 포병대장 김회락을 찾아내고 종손 김홍락과 그 동생 김승락 그리고 김진의, 김홍락, 김익모 등 평소 의병활동을 했던 집안사람 10명을 포박하여 종가 큰 마당에 꿇어앉혔다. 그리고 집안 살림을 전부 마당에 꺼내어 금비녀 등 쓸 만한 물건은 전부 가져가고 큰 살림은 못쓰게 부수는 등 종가를 온통 수라장으로 만들었다. 활발한 안동의 의병활동이 당시 영남유림의 종장이요 안동의 큰 어른이던 김홍락의 영향 아래 이루어진 것임을 알고 있던 그들이 아예 작정하고 그렇게 못된 짓을 저지른 것이다.

이때 그 광경을 생생하게 보고 있던 열 살의 어린아이가 있었다. 그가 바로 김성일의 13대 종손이며, 김홍락의 장손인 김용환金龍煥(1887~1946)이다. 어린 김용환은 왜놈 무리를 따라다니며, "우리 할배 살려 주소" 하며 애원했다. 당시 문중 사람과 문인들뿐 아니라 일대의 온 사람들로부터 큰 어른으로 존경받던 조부 김홍락이 한낱 왜병의 무리에게 무릎을 꿇리는 기막힌 현장을 목격한 것이다. 왜병 무리의 행패는 거기에 그치지 않았다. 그들은 묶여 있던 사람들 가운데 김홍락의 사촌인 김회락 포병대장과 김 대장 아래에서 활동한 김진의를 안동관찰부로 압송하였다. 김진의는 위기를 모면하였으나 김회락 대장은 왜경의 총살 위협에도 조금도 기세가 꺾이지 않고 "내가 죽거든 자식들에게 보수報讐(원수 갚음)를 가르쳐라!"라고 지켜보던 가족들에게 소리치며 당당하게 총격을 받고 김성일의 후손이자 의병대장답게 일생을 마감하였다. 이 사건은 지역의 유림들과 학봉 문중 사람들에게 결코 잊을 수 없는 치욕이자 한으로 남았다. 이는 그 후 김흥락의 문인들과 후손들이 독립운동에 적극적으로 나서는 하나의 계기가 되었다. 김용환 또한 이 치욕의 사건 이후 평생 왜놈을 원수로 여겼으며, 일생을 독립운동에 헌신할 것을 마음속에 다짐하고 또 다짐하였다.

1906년, 10년 전 문경에서 의병을 일으켜 의병대장으로 활동하였던 운강雲崗 이강년李康秊(1858~1908)이 금계로 김용환을 찾아왔다. 그는 김용환에게 학봉의 후손들이 힘을 합하여 함께 왜적을 토벌하자고 하였다. 이듬해, 김용환은 문중 사람인 김현동, 김규헌과 함께 이강년 의병부대에 들어가 안동, 영양, 예천, 문경, 봉화, 제천 전투에 참전하였다. 1908년 4월에는 김상태 의병부대로 가서 1911년까지 활동하였다.

김용환은 1911년 만주 독립군에게 거액의 군자금을 제공하다 체포되는 등 세 차례나 체포되었다. 1920년에는 '독립 후원 의용단'을 조직하여 군자금을 활발하게 모집하였고, 1922년에는 군자금을 훗날 대한민국 임시정부 초대 국무령을 지낸 이상룡李相龍(1858~1932) 당시 서로군정서 총재에게 전달하였다. 같은 해 김용환은 경상도 일대에서 군자금 모금 및 동지 포섭 등의 활동을 하다 체포되어 옥고를 치렀다. 이처럼 그는 계속해서 독립운동을 하다가 해방을 맞았다.

김용환은 독립운동 과정에서 종가의 모든 재산을 팔아서 군자금으로 보내고, 다른 사람들로부터도 군자금을 모집하였다. 그런데 눈치를 챈 일본경찰이 늘 그를 감시하였다. 감시 때문에 군자금 모집이 어렵게 되자 김용환은 노름꾼, 난봉꾼, 파락호 노릇을 하며 일본경찰의 감시를 피하였다. 그 사실을 몰랐던 가족은 물론 문중, 지역의 모든 사람이 종손이 종가를 망쳤다고 원망하고 비난하였으나, 그는 1945년 나라가 해방된 후에도, 1946년 돌아갈 때까지도 실상을 가슴에 묻어 두고 입 밖에 내지 않았다. 1948년 김용환의 상을 마치던 날, 그의 절친한 벗이던 하중환이 제문을 올리면서 그 안에 김용환의 독립운동과 군자금 모집 관련 내용의 대략 및 그것이 세상에 알려지지 않은 이유를 적었다. 그것이 광복 50주년이 되는 1995년에 그가 조부 김흥락과 함께 건국훈장을 추서 받는 실마리가 되었다.

김용환의 거짓 파락호 노릇은 너무나 철저했다. 그래서 그는 안동 일대에서 유명한 노름꾼이자 파락호로 소문이 났다. 학봉종가라는 더할 나위 없는 명문가 종손이 노름꾼, 파락호가 되어 종가 살림을 거덜 냈으니 사람들의 비난이 오죽했겠는가? 문중 사람들의 종손을 원망하는 말이 하늘을 찔렀다. 심지어 문중회의에서는 문벌을 내리자는 의견도 나왔다. 그러니 사정을 모르는 종가 사람들이 얼마나 괴롭고 힘들었겠는가?

김용환의 외동딸 김후웅은 1995년 아버지가 생전의 독립운동 공로로 건국훈장을 추서 받자 한평생 마음속 깊이 묻어 두었던 아버지에 대한 한 맺힌 감회를 「우리 아배 참봉 나으리」라는 제목의 글로 남겼다. 현 종손의 동생인 김종성은 필자에게 "우리 고모가 얼마나 총기가 좋으신지, 아주 어려서부터의 그 옛날 일을 남김없이 기억하시더라"고 전했다. 그 한스러움과 기쁨이 가득 배인 글의 일부를 여기에 옮긴다.

못난 고모 칠안에 실모하고 새어매는 오셨으나 위로 두 분 홀로 되신 생양가 두 조모님과 안식구만 네 명이네. 아배는 출타하여 사랑방은 텅 비었고, 왜놈들은 호시탐탐 우리 아배 찾으려고 아침저녁 찾아오고, 문중 어른 모여서는 종손 파양 논의 하며 연일 모여 성토 원성 끊일 날이 없는 터에 문벌 붙여 기다리네. 안식구만 넷이 모여 노심초사 십육 년에 세 어른이 차례 없이 세상 뜨니 무슨 경황 있었겠나.

그럭저럭 나이 차서 십육 세에 시집가니 청송 마평서씨 문에 혼인은 하였으나 신행 날 받았어도 갈 수 없는 딱한 사정. 신행 때 농 사오라 시댁에서 맡긴 돈, 그 돈마저 가져가서 어디에다 쓰셨는지? 우리 아배 기다리며 신행 날 늦추다가 큰어매 쓰던 헌 농 신행발에 싣고 가니 주위에서 쑥덕쑥덕, 그로부터 시집살이 주눅 들어 안절부절 끝내는 귀신 붙어 왔다 하여 강변 모래밭에 꺼내다가 부수어 불태우니 오동나무 삼층장이 불길은 왜 그리도 높던지 새색시 오만간장 그 광경 어떠할고.
이 모든 것 우리 아배 원망하며 별난 시집 사느라고 오만간장 녹였더니 오늘에야 알고 보니 이 모든 것 저 모든 것 독립군 자금 위해 그 많던 천석 재산 다 바쳐도 모자라서 하나뿐인 외동딸 시댁에서 보낸 농 값 그것마저 다 바쳤구나.……
팔척장신 호안에다 안하무인 높은 기개 그 큰 뜻 아는 이 아무도 없고 알릴 데 없었으니, 오죽 답답하셨으면 왜놈 순사 나타나서 "당신 누구요" 하고 불심검문 당하면 양팔을 크게 벌려 "빨래 걸이요" 하는 것이 외관은 멀쩡하니 한이 맺힌 왜놈에게 항거의 의사 표시 분명한데, 이런 일이 있고 나니 학봉 종손 우리 아배 정신이 돌아 미치광이라는 소문마저 있었으니 말도 많고 한도 많고 기가 막히는 일도 많던거라. 애고 애고.……
자랑스런 우리 아배, 학봉 종손 참봉 나으리!

김용환은 겉으로 드러내지 않은 독립운동의 한편으로 1907년 내앞 대종손 김병식과 김동삼, 류인식이 신교육을 위해 안동 임하에 협동학교를 세울 때, 선조 학봉을 배향하는 호계서원 재산을 중심으로 적극 지원하였고, 1919년 자신이 살고 있는 금계에 신학교인 광동학교를 세워 1932년까지 운영하였다. 또한 그는 1907년 조부 김흥락의 제자들과 조부의 학문을 정리하여 『서산선생문집』 24권, 속집 6권, 총 30권을 간행하였다. 1908년 임천서원을 다시 세웠고, 1936년 소계서당을 건립하기도 하였다.

    김용환은 그 일생의 파란만장한 행적을 스스로의 가슴에 묻고 세상을 떠났다. 그 참 이유가 무엇이었는지 짐작하기는 어렵다. 다만 그가 지녔던 의리정신과 행했던 항일독립운동이 세속의 영예와 오욕이라는 평가 잣대로는 잴 수 없는 어떤 경지에 이르렀던 것은 아닐까 짐짓 생각해 본다.

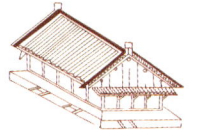

제3장 **학봉종가의 문화**

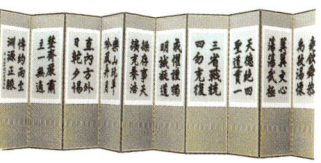

학봉종가는 대대로 문한文翰을 소중히 여겨 온 집이다. 파조 김성일이 퇴계학맥의 우뚝한 봉우리였고 그 학문적 전통을 대대로 이어 온 집이므로 학봉종가의 문화는 인문적 전통이 뚜렷하다. 그 흔적은 운장각에 일만 오천 점의 문적으로 남아 있다. 한편 어떤 양반 가문이든 마찬가지지만 종가의 가장 큰일은 안으로는 제사를 잘 받들고 밖으로는 손님을 잘 맞이하는 봉제사 접빈객이다. 특히 불천위를 모신 학봉종가는 더 말할 나위가 없다. 이 장에서는 종가에 전하는 문헌과 유물, 학봉 불천위 제사를 중점적으로 소개하고 학봉종가의 외손봉사 관행, 종가를 보호하는 학봉 문중의 보종의식, 그리고 학봉종가의 혼반을 살핀다.

1. 학봉종가에 전하는 문헌과 유물

학봉종가의 유물은 이루 헤아릴 수 없다. 종가 건물부터 시작하여 거기에 걸린 현판, 종가와 관련된 석문정사, 임천서원 등이 모두 종가의 유물이며 소중한 문화재다. 그렇지만 종가의 유물 중 가장 풍부하고 뜻깊은 유물은 문적이다. 문헌을 중히 여기는 전통을 지닌 종가답게 현재 종가 사당 앞 남쪽에 있는 유물을 보관하는 운장각에는 문적을 중심으로 일만 오천 점에 이르는 유물이 있다. 그 가운데 보물로 지정된 것은 보물 제905호 운장각 소장 전적 일괄(56종 261점)과 보물 제906호 운장각 소장 고문서 일괄(17종 242점)로 모두 503점이다.

여기에서 종가의 방대한 유물을 모두 다룰 수는 없으므로 보물로 지정된 것을 중심으로 아주 간략하게 소개한다. 보물 제905호로 지정된 전적문화재는 그 양과 질에 있어서 매우 풍부하고 뛰어나다. 발간된 책은 총 28종이 지정되었는데, 모두 조선 전기의 것으로 김성일이 임금에게 받은 내사본과 그가 직접 본 수택본이 대다수이며, 현재 널리 알려지지 않은 희귀본도 상당수 있고, 그의 고조 김한계의 수택본도 여럿이다. 이들 간본은 완질이 아닌 결본인 책도 많지만 이것들을 통해 그 책의 발간연도가 확인되는 경우도 적지 않다.

필사본은 총 28종이다. 『호당삭제湖堂朔製』, 『문충공서고文忠公書稿』, 『기묘일기己卯日記』 등 김성일이 스스로 쓴 자필본이 11종이다. 그 외에 김성일 및 임진왜란에 관한 자료가 많다. 그중에 김성일이 사관으로 재직할 때 초록한 『경연일기經筵日記』, 함경도 순무어사로 활동하면서 기록한 『북정일기北征日記』 등은 임진왜란 이전의 사료로 매우 귀중하다. 『조천일기朝天日記』, 『해사록海槎錄』은 명나라 및 일본의 사행일기이고, 『진주수성절차晉州守城節次』, 『용사사적龍蛇事蹟』, 『선현유묵先賢遺墨』의 일부는 임진왜란의 사료이며, 『상례고증喪禮考證』은 예서이고, 경상우감사 때 부인에게 보낸 언문편지는 국문학 자료로, 각각 특히 귀중한 문화재로 평가되고 있다.

보물 제905호 운장각 소장 전적 가운데 가장 연대가 오랜 것은 1418년에 발간된 『예기천견록禮記淺見錄』이다. 이 책은 조선 초기의 유학자 양촌陽村 권근權近(1352~1409)의 『오경천견록五經淺見錄』 가운데 하나이다. 종가에 소장되어 있는 것은 권11~13, 24~26의 두 책이다. 『예기천견록』 다음으로 연대가 오랜 것은 『사기史記』로 1452년에 발간된 것이다. 종가에 소장되어 있는 판본은 우리나라에 완질은 없고, 몇몇 곳에 미완질의 형태로 남아 있는 매우 드문 책이다. 『증수부주자치통감절요속편增修附註自治通鑑節要續編』은 15책 중 5책이 남아 있는데, 12권에 김성일의 고조부인 김한계金漢啓(1414~1461)의 소장인이 찍혀 있어 김한계 수택본으로 보인다. 이처럼 김한계의 소장인이 찍혀 있어 수택본으로 추정되는 책으로는 1440년에 발간된 『당류선생전唐柳先生傳』 중 2책이 있다. 『신편음점성리군서구해전집新編音點性理群書句解前集』은 조선 성종·중종 연간에 발간된 성리학 관련 책이다. 이 책에는 김성일의 손자 김시추의 호인 풍뢰헌이라는 글씨가 적혀 있다. 『고려사절요高麗史節要』는 김종서 등이 문종의 명을 받아 기전체의 고려사를 편년체로 고쳐 1453년에 발간한 고려 역사서이다. 종가에는 그중 34권이 있다. 『삼국사절요三國史節要』는 삼국사 중에서 중요한 사항을 간추려 편년체로 엮은 역사서로, 1476년경 간행되었다. 종가에는 3책이 있다. 『전한서前漢書』는 중국 한나라 고조에서 왕망 대까지 229년간의 역사적 사실을 기록한 중국의 역사서이다. 세종 후기에서 세조 연간에 출판된 것으로 보인다. 그중 6책이 소장되어 있다.

이 밖에 연대가 오래된 책으로는 세종 연간에 발간된 것으로 추정되는 『예기대문禮記大文』, 1503년에 발간된 『속자치통감강목續自治通鑑綱目』, 중종 연간에 발간된 『주문공교창려선생집朱文公校昌黎先生集』, 명종·선조 초에 발간된 『오조명신언행록五朝名臣言行錄』, 『삼조명신언행록三朝名臣言行錄』, 『독서속록讀書續錄』(김성일 수택본), 『국조오례의國朝五禮儀』(김성일이 받은 내사본), 『국조오례의서례國朝五禮儀序例』(내사본인 듯), 『주자대전朱子大全』(김성일 수택본), 『찬주부음자치통감외기증의纂註附音自治通鑑外紀增義』(희귀본), 1536년에 발간된 『대명률직해大明律直解』, 조선 초기에 발간된 『음주전문춘추괄례시말좌전구두직해音註全文春秋括例始末左傳句讀直解』, 선조 초 발간으로 추정되는 『당태종이위공문대직해唐太宗李衛公問對直解』, 1574년에 발간된 『회재선생집晦齋先生集』(내사본), 1578년에 발간된 『봉선잡의奉先雜儀』(내사본), 같은 해 발간된 『자치통감강목自治通鑑綱目』(내사본), 1579년에 발간된 『이륜행실도二倫行實圖』(내사본), 1583년에 간행된 『매월당시집梅月堂詩集』이 있다. 또 선조 이전에 발간된 『상채선생어록上蔡先生語錄』이 있다.

김성일의 자필 원본들도 많이 남아 있다. 『김성일호당삭제金誠一湖堂朔製』는 3책이다. 1576년에서 1577년에 걸쳐 김성일이 호당에서 사가독서할 때 지은 것을 후손이 작첩한 것이다. 이 3책에는 모두 114수의 시가 실려 있다. 뒤에 1717년 작성한 이협의 후지가 있는데, 김성일의 6세손 김몽렴이 배첩하여 축으로 만든 경위와 호당에 선발되어 들어간 사실 등을 적고 있다. 『김성일호당삭제』는 김성일이 직접 쓴 원고본으로 그의 작품 세계와 당시의 독서당 운영을 살필 수 있는 귀중한 자료이다.

『문충공서고文忠公書稿』는 김성일이 아들 집과 부인 권씨에게 보낸 간찰 8건에 시 1수를 덧붙여 작첩한 것이다. 앞에 소개한 부인에게 보낸 편지가 이 안에 들어 있다. 『문충공수간文忠公手柬』은 김성일이 큰아들 집에게 보낸 간찰 14건을 후손이 작첩한 것이다. 위의 두 책은 김성일의 관직생활과 당시의 사회상을 살필 수 있는 자료이다. 『학봉수적첩鶴峰手蹟帖』은 백현룡白見龍(1556~1622)이 김성일의 학덕을 존경하여 그 필적을 모아 두루마리로 만들고, 선조·인조 때의 명신 학자였던 임회林檜(1562~1624), 김시양金時讓(1581~1643), 서성徐渻(1558~1631), 황여일黃汝一(1556~?) 4인의 친필 서문과 발문을 받아 간직한 것이다. 『진주수성절차晉州守城節次』는 임진왜란 이 한창이던 1592년 10월 김성일이 경상감사로 있을 때 진주성을 수비한 전말을 적어 왕에게 올린 장계의 초고이다.

『영모첩永慕帖』은 김성일의 「봉황산鳳凰山」이라는 시고로부터 시작하여 11대 종손 김흥락의 간찰에 이르기까지 직계 주손들의 시, 간찰, 제문 등 친필을 모아 첩으로 만든 것으로, 김성일 역대 주손들의 글과 글씨를 살필 수 있는 자료이다. 동시에 후손들의 조상에 대한 영모, 즉 영원한 그리움을 짐작할 수 있는 자료이기도 하다. 『학계첩學契帖』은 김성일의 부친인 청계 김진이 1577

년경 영양 청기에 거처할 적에 자녀 교육을 위해 영양 청기의 유지들과 결성한 학계의 첩이다. 김진의 자녀 교육열은 앞에서 소개한 바와 같이 유난하기도 하였으려니와 그것을 뒷받침하기 위한 기반을 구체적으로 마련하고 있다는 점에서 그의 경영자적 풍모를 엿볼 수 있는 자료이다.

『퇴계사전초退溪史傳抄』는 김성일이 스승인 퇴계 이황의 전기를 찬술한 초고본이다. 이 글은 퇴계의 학문 사상과 덕행을 깊이 이해한 역작으로 평가된다. 스승 이황의 무한한 촉망을 받았고, 스승 이황을 한없이 숭모한 김성일이 퇴계의 문묘종사를 위한 전기 자료로 쓴 듯하다고 한다.

김성일은 언제나 어디서나 기록에 소홀함이 없었다. 그래서 일기 형식을 빌려 기록한 것들이 많다. 『조천일기朝天日記』는 1577년 2월 김성일이 사은겸개종계주청서장관謝恩兼改宗系奏請書狀官으로 북경에 갔을 적에 날짜에 따라 적은 자필 일기이다. 『기묘일기(부)북정일록己卯日記(附)北征日錄』은 1579년 그가 서울에서 영양현으로 아버지를 뵈러 갈 때와 서울로 돌아올 때까지, 즉 1579년 1월 1일에서 4월 12일까지의 일기인 『기묘일기』와 함경도순무어사 때(1579년 9월 21일에서 12월 12일)의 일기인 『북정일록』을 합한 자필 일기이다. 『기묘일기』 가운데 1월 1일에서 2월 3일까지는 이조정랑으로 재직할 때의 일기로 조정의 크고 작은 정사를 기록한 것이 대부분이며, 2월 4일에서 4월 12일까지는 휴가를 얻어 아버지를 뵙고 다시 서울로 돌아갈 때까지 보고 들은 것을 적은 것이다. 그 안에는 용인·죽산·문경·안동 등을 지나며 본 풍물과 자신의 일정이 기록되어 있다. 『북정일록』에는 자신이 순무어사로서 행한 일들과 산천 도로의 멀고 가까움, 험하고 평탄함, 그리고 그 지방의 풍속·인심·전설 등을 보고 들은 대로 상세히 적었다. 또한 그 과정에서 지은 시가 다수 있다.

『학봉선생해사록鶴峰先生海槎錄』은 김성일이 1590년 3월 일본 통신부사의 명을 받아 일본에 갔다가 이듬해 2월에 귀국할 때까지 그 도중에, 또는 유숙하던 데서 지은 시문으로 자필본이다. 원래 3책이나 전란 중에 없어지고, 현재 종가에 있는 1책도 여러 곡절을 겪은 끝에 종가로 돌아온 것이다. 이 책은 시 11수, 사 1편, 서 1편이 수록되어 있다. 3책이 다 남아 있었다면 일본 사행 때 있었던 한일 외교관계의 속사정이 보다 명확하게 밝혀졌을 것이다.

『학봉일기鶴峰日記(經筵日記)』는 1570년에서 1573년까지 김성일이 예문관의 검열, 대교, 봉교 등의 벼슬을 지내며 사관을 겸하고 있을 때의 사초이다. 이 일기에는 4년에 걸쳐 31일의 기사만 실려 있다. 비록 기록이 풍부하지는 않지만 당시 경연이 어떻게 운영되었는가, 정치가 어떻게 이루어졌는가, 관리의 임용과 면직, 형옥이 어떻게 처리되었는가 등을 살필 수 있는 소중한 자료이다. 『상례고증』은 1581년 『예기』에서 상례에 관한 글을 뽑아내어 줄기로 삼고, 다른 여러 책을 참고하여 그 아래에 주석을 단

『학봉선생해사록』

예서로 자필 초고본이다.

　선현유묵류 5책은 주로 김성일, 또는 김성일 종가에 보내진 간찰, 제문, 문집의 서문, 발문, 묘지명 등을 모은 서첩들이다. 『선현유묵先賢遺墨 1』은 1592년 임란 중에 이덕형, 박성 등이 김성일에게 보낸 간찰과 1583년 일본 사신 다치바나 야스히로(橘康廣)가 우리 접위관에게 보낸 간찰 등 3편을 작첩한 것이다. 『선현유묵 2』는 임진왜란 당시 김성일의 참모로 있던 이로가 1593년 2월 김성일에게 보고한 간찰 2건과 1605년 당시 경상감사 류영순이 안동의 김성일 묘소에 올린 제문이다. 『선현유묵 3』은 김성일의 문집 및 기타 저술에 관한 제현의 서문, 발문과 묘지명 등의 원본을 김성일의 후손이 작첩한 것으로, 김성일의 학문과 행실을 살필 수 있는 전기 자료이다. 『선현유묵 4』는 김효원, 이숭고 등 3인의 시고 3건과 간찰 1건이 수록되었는데, 모두 김성일에게 보낸 것이다. 『선현유묵 5 (부)금호필적』에는 곽기수, 조위, 권욱, 조정의 시고가 수록되었다. '금호필적錦湖筆跡'의 금은 안동 금양에 살던 밀암密庵 이재李栽(1657~1730)를 말하고, 호는 일직 소호리에 살던 대산大山 이상정李象靖(1711~1781)을 가리킨다. 이재와 이상정은 모두 학봉학파의 종장들이다. 여기에는 밀암 이재가 손주 사위인 김성일의 7세손 김주국에게 경계의 말을 써 준 것 1건, 서간 1건의 2건과 대산 이상정이 김주국에게 써 준 제문, 서간문 등 5건이 실려 있다. 물론 혼반관계로 얽혀 있기도 하지만, 이는 학봉

학파에서 학봉종가를 어떻게 여기고 있는가를 짐작할 수 있는 단서이다.

이 외에 여러 전적이 있는데, 『용사사적龍蛇事蹟』은 임진왜란 때 김성일의 참모였던 이로가 1592년에서 1593년에 걸쳐 김성일의 구국활동에 관한 전말을 기록한 것이다. 『용사사적』은 두 책이 있다. 하나는 원본으로 여겨지고, 다른 하나는 그것을 정서한 정서본이다. 『학봉시장鶴峰諡狀』은 김성일의 시호를 내린 시장으로, 민점閔點(1614~1680)이 안동유생 이보, 김한벽 등의 요청으로 지은 것이다. 『석문정사중수기石門精舍重修記』는 김성일이 강학하던 정자인 석문정사의 중수 사실을 적은 일기로, 김성일의 5세손 엄뢰嚴瀨 김성월金聖鉞(1659~1745)이 기록한 것이다. 이 외 김성일 후손들과 연관되는 책으로는 『원규院規』, 『사마회첩司馬會帖』, 『만력사십삼년십이월일萬曆四十三年十二月日 향록초안鄕錄草案』, 『정해유월향록丁亥六月鄕錄』, 『천하총도天下摠圖』 등이 있다.

보물 제906호로 지정된 김성일종가의 고문서는 17종 242점이다. 교서敎書 1점, 유서諭書 1점, 유지有旨 3점, 교첩敎牒 및 교지敎旨 59점, 첩첩(差定) 4점, 시권試券 7점, 시호서경諡號署經 2점, 품정절목稟定節目 1점, 입안문立案文 5점, 등장等狀 6점, 호적단자戶籍單子 50점, 분재기分財記 6점, 명문明文 34점, 완의完議 3점, 통문通文 56점, 치제문致祭文 1점, 설계도設計圖 3점이다. 그중 교서 1점은 1592년 6월 선조 임금이 당시 경상도관찰사이던 김성일에게 내린 교서이다. 유서는 1592년 4월에 선조 임금이 당시 경상우도병마절도사이던 김성일에게 특권을 부여하는 유서이다. 유지 3점 가운데 「전병사김성일개탁유지前兵使金誠一開拆有旨」는 1592년 전병사 김성일을 경상도초유사에 임용하는 유지이다. 교첩·교지 가운데 11점은 김성일과 관련된 것이다. 나머지는 김성일의 직계 주손들의 교첩 및 교지로, 맨 마지막 교지는 1903년 김성일의 13대 주손 김용환을 혜릉참봉에 명한다는 내용이다. 차정첩은 1630년 5월에 김성일의 손자 김시추를 의금부도사에 임명한다는 내용이다. 시권은 김성일의 진사 입격 시권, 문과 급제 시권 등이다. 시호서경은 1691년 김성일의 시호를 문충으로 개정하는 것에 대한 사헌부의 서경문서와 그에 동의하는 사간원의 완의이다. 호적단자는 1390년 고려 공양왕 2년 김천의 호구단자로부터 1908년대 김용환의 호구단자까지 50점의 호구단자가 보관되어 있다. 분재기는 1535년 김성일의 아버지 김진의 분재기, 1565년 김성일의 분재기 등이다. 정자와 가옥의 설계도도 3점 남아 있는데 그중 2점은 구 종택의 설계도이다.

  학봉종가의 유물은 주로 문적이지만, 김성일이 몸소 지니던 유물도 있다. 그 유물은 그가 착용하던 가죽신, 임진왜란 때 사용하던 패도와 철퇴鐵槌, 1592년 임금이 내린 유서를 넣어 가지고 다니던 유서통, 안경과 안경집, 단계석 벼루, 착용하던 갓끈 등이다. 안경은 김성일이 사용하던 안경이다. 우리나라에서 가장 오래된 안경으로, 그가 명나라에 서장관으로 갔을 때 단계석 벼루와 함께 구입한 것이라고 한다. 안경테는 거북 껍질(龜甲)로 되어 있다. 이 외에도 김성일의 손자 김시추가 썼다고 하는 풍뢰헌 현판, 종가에 걸린 문충고가 현판, 당호들, 강학의 터전 석문정사, 비록 20세기 초에 다시 세웠지만 임천서원까지 그 모두가 종가의 유물이다.

이렇게 많은 유물이, 특히 근대에 나라와 학봉종가가 함께 어려움을 겪었던 한말 일제강점기, 미증유의 민족상잔이라는 한국전쟁을 거치면서도 거의 고스란히 유지되었다고 하는 것은 학봉종가 사람들의 조상의 유물을 보존하고 지키려는 노력이 얼마나 눈물겹고 갸륵한 것이었는가를 짐작하게 한다. 이것이 어찌 단순히 눈에 보이는 유물을 지키려는 것이었겠는가. 그 유물에는 조상의 영혼이 깃들고 정신이 배어 있다고 여겼기 때문이 아니겠는가?

몇 달 전 학봉종가의 유물각인 운장각에 들어섰을 때, 이황이 김성일에게 써서 준「병명」을 손자수로 놓아 병풍으로 꾸민 것이 눈에 들어왔다. 자꾸 눈길이 가서 물어 보니 김종길 종손은 그것이 이점숙 종부가 새댁 시절에 몇 년에 걸쳐서 한 땀 한 땀 수놓은 것이라 하였다. 그러면서 종부가 그것을 수놓고 나서 눈이 상당히 나빠졌노라 하였다. 이 병풍은 불천위 제사의 제사 병풍으로 쓴다. 종부는 퇴계종가에서 온 분이다. 병풍의 뒷면 글씨

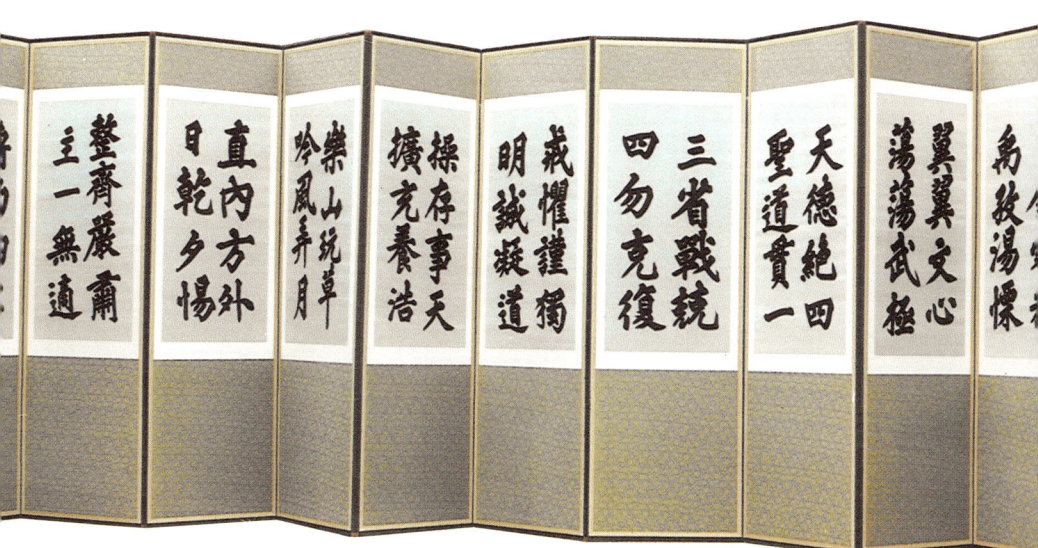

「병명」 수 병풍

는 퇴계종가의 이동은 전 종손이 쓴 글씨라고 한다. 친가의 훌륭한 선조인 이황이 시가의 훌륭한 선조인 김성일에게 손수 써 준「병명」을 수놓으면서 종부는 어떤 생각을 했을까? 이 병풍도 대대손손 이어져 세월의 더께가 쌓이면 수백 년이 흐른 후 보물로 지정될 수 있을 것이다.

　조상의 유물을 보존하려는 노력은 바로 조상의 훌륭한 정신을 잇고자 하는 노력이다. 이런 노력들이 학봉종가를 가문과 학문이 함께 우뚝하도록 만든 바탕이 되었다. 학문으로는 퇴계학맥의 커다란 두 봉우리가 종가에서 솟았고, 이어 온 가문의 의리정신은 구국의 선봉이 되기에 모자람이 없었다.

2. 학봉 불천위 제사

조상에 대한 제사는 양반 집안에 있어서 가장 중요한 일이다. 특히 종가에서 제사를 모시는 일은 종가뿐 아니라 가문의 위상과 관련되므로 더 큰 의미를 지닐 수밖에 없다. 종가의 제사 또한 일반 양반집의 제사와 마찬가지로 기제사와 차례, 시사가 기본이 된다. 기제사란 조상이 돌아가신 날 지내는 제사이고, 차례는 명절에 지내는 제사인데, 설, 한식, 단오, 추석 등에 지낸다. 시사는 각 계절에 조상의 산소에 제사를 지내는 일이다.

제사를 모시는 일은 무엇보다도 정성스러운 마음으로 해야 한다. 그래서 제사에 올리기 위해 수확한 햅쌀을 용단지나 자루에 넣어 정성스레 보관하였다. 설령 흉년에 먹을 것이 없어 식구들이 굶는 지경에 이르러도 제사를 모실 그 쌀에는 손을 대지 않았다. 또한 조상에게 올리는 밥, 국, 탕은 "김이 나야 조상의 혼백이 감응한다"라고 생각하여 김이 무럭무럭 나도록 신경을 쓰기도 했다. 심지어는 제사가 끝난 뒤 제사 음식을 맛보는 음복까지를 제사로 여겨 음복상을 받을 때 의관을 갖추고 무릎을 꿇고 먹었다. 음복은 조상이 먹고 남겨 준 신성하고 복된 음식이라고 여겼기 때문이다.

제사를 지내는 형식이 집집마다 모두 같은 것은 아니다. '가가례家家禮'라는 말이 있다. 집집마다 각기 그 집에서 쓰는 예의 형식이 다르다는 말이다. 제사 지내는 형식은 성에 따라, 파에 따라, 심지어는 같은 집안에서도 집집마다 조금씩 다르다. 그래서 '도랑 건너면 집사하지 않는다'는 말이 있다고 한다. 종가의 경우 기제사와 차례, 시사(묘사)는 일반 집안의 그것과 크게 다르지 않다. 여기에서는 김성일의 기일에 지내는 제사인 학봉 불천위 제사만을 소개하기로 한다.

불천위不遷位는 말 그대로 신주를 옮기지 않고 대를 이어 제사를 받들어 모시는 조상이다. 일반 조상은 제사를 지내는 사람으로부터 4대가 지나면 신주를 다른 집으로 옮기거나 묘소 앞에 묻음으로써 기제사를 모시는 일이 끝난다. 반면 불천위는 영원토록 신주를 모시고 기일마다 제사를 올린다. 불천위는 돌아간 인물의 공적, 학문, 덕행을 평가하여 나라에서 정하거나 그 지역의 유림에서 추대하며 문중에서 모시기도 한다.

　　불천위는 대개 큰 문중 또는 파의 시조로서 후손들의 뿌리이며, 동시에 후손들이 바라보고 받들어야 되는 푯대이다. 따라서 대묘제사 또는 큰제사라 부르기도 한다. 불천위 제사에는 그 후손들이 많을 수밖에 없으므로 원근의 자손들이 많이 참여한다. 또 혼인이나 학맥으로 얽힌 다른 문중 사람들도 참여한다. 그러므로 기일에 지내는 기제사의 형식이지만 그 규모가 일반 기제사와는 비교가 되지 않는다. 또한 일반 기제사는 제사를 지내는 사람이 한정되고 비공개로 모셔지는 집안의 행사이지만, 불천위 제사는 제사에 참여하는 사람도 많고 거의 공개적으로 행해지기 때문에 가문의 예법이나 역량이 자연스레 드러나게 마련이다. 그것은 바로 가문의 위상과 연결될 수밖에 없다.

　　따라서 불천위 제사에서는 제수 장만과 손님 접대, 그리고 의례의 진행 과정에 대하여 특별히 주의를 기울인다. 종부를 비롯한 집안의 여성들은 온 정성을 들이고 갖은 솜씨를 내어 제수를 장만한다. 제수의 종류와 양도 기제사에 비할 바가 아니다. 기제사보다 훨씬 많은 사람들이 참여하기 때문에 그들을 일일이 대접하려면 음식도 아주 넉넉히 장만해야 한다. 특히 불천위의 명성이 드높고 불천위를 모신 가문의 현재 위상이 높을 경우에는 더욱 그러하다. 서산 김흥락이 종손으로서 학봉 김성일의 불천위 제사를 받들 당시 불천위 제사에 참여한 이들이 천여 명에 이르렀으며, 이들을 접대하기 위해서 소를 잡았다는 일화는 그 한 예가 될 것이다.

불천위 제사는 자신의 뿌리인 훌륭한 조상의 덕을 기리고 후손들끼리 뿌리가 같다고 하는 혈연의 정을 나누는 과정을 통해, 문중의 구성원으로서 자기정체성을 확인하는 의미를 지니고 있다. 또한 다른 문중에서도 참여하기 때문에 자기 문중의 힘을 드러내는 기회이기도 하다. 한편 불천위 제사는 자손들끼리 같은 조상의 핏줄이라는 동질성을 확인하고 화목을 도모하는 장이기도 하므로, 비록 제사의 엄숙한 형식으로 진행되지만 일종의 축제적 성격을 그 안에 지니고 있다.

학봉종가에서는 최근 불천위 제사에 사당 고유의 형식을 도입하고 있다. 예전에는 자손들이 어떤 일이든, 특히 큰일이 있으면 조상의 사당에 반드시 고유를 하였다. 그러나 현재의 삶의 방식으로는 무슨 일이 있을 때마다 사당에 가서 조상께 아뢸 수는 없으므로, 불천위 제사에 사당 고유의 형식을 도입하여 불천위 제사를 지내기 전에 자손 가운데 좋은 일을 맞이한 후손들을 불천위 선조께 알리는 고유제를 지내는 것이다. 이는 후손들의 영광을 조상의 음덕으로 돌려 감사의 뜻을 아뢰는 형식이지만, 불천위 제사에 일종의 축제 개념이 도입된 것으로 보아도 될 것이다.

안동에는 47위의 불천위가 있다. 불천위 제사의 예법과 형식의 큰 틀은 대략 비슷하지만, 집안마다 집집마다 조금씩 다르기도 하다. 퇴계종가에서 시집온 이점숙 종부에 의하면 퇴계 불천위 제사와 학봉 불천위 제사도 제수에 다른 부분이 있다 한다. 가가례인 것이다. 그러면 학봉 불천위 제사의 준비 과정과 본 과정을 하나하나 살펴보면서 그 의미를 새겨 보자.

학봉 김성일의 불천위 제사는 그의 기일인 음력 4월 29일에 행해진다. 제사 음식 준비는 종부가 주도하고 유사들이 도와 진행한다. 제사 음식 중 도적과 포는 문중회의에서 선정한 유사 3명이 담당하고, 나머지 제사 음식은 종부의 지휘 아래 집안의 여성들이 준비하는데, 손님 접대를 위한 음식도 함께 준비한다. 종부는 제사 하루 전부터 재계와 근신을 한다. 재계와 근신은 음식에도 반영이 되어 전날부터 가족과 손님들은 고기나 생선을 먹지 않는다.

불천위 제례 음식 준비 과정은 장보기에서 시작된다. 장보기는 남자 유사 3명이 담당한다. 장을 볼 때, 유사들은 가장 좋은 물건을 구하는데, 값을 절대 깎지 않는다. 불천위 제사의 제수는 온갖 정성을 들여 성대하게 마련한다. 가장 신경을 써서 준비하는 제물은 도적都炙과 떡이다. 특히 익히지 않은 날고기를 쌓아 올리는 도적이 중요하다. 그래서 도적을 불천위 제사상의 꽃이라 한다. 불천위 제사에서 날고기를 쓰는 이유는 불천위를 제사에 날고기를 받을 정도로 훌륭한 '혈식군자血食君子'로 여기기 때문이다. 이는 『예기』의 "지극히 공경하는 제사는 맛으로 지내는 것이 아니고 기와 냄새를 귀하게 여기는 까닭에 피와 날고기를 올린다"는 말에서 유래한 것이다. 따라서 종묘나 향교, 서원의 제사에서는 날고기를 사용한다. 불천위는 향교의 문묘나 서원의 사당에 배향되는 훌륭한 인물이므로 제사에 날고기를 쓰는 것이다.

큰제사이므로 제물을 높이 괴지만 도적과 떡은 모두 높이가 무려 40~60cm에 이를 정도로 더 높이 괸다. 특히 불천위의 명망과 가문의 위상에 따라 도적과 떡의 높이가 달라진다. 다른 제물은 부엌에서 여성들이 요리하여 제청으로 옮기지만 도적과 떡은 남성들이 직접 마련한다. 도적의 경우, 생선을 다듬고 나서 꼬치에 꿰어 이를 틀에 높이 괴는 작업은 제사가 거행되는 제청祭廳이나 사랑채 대청 등에서 이루어진다. 떡 역시 마찬가지다. 시루떡을 장만하는 일은 여성들의 몫이지만 적당한 크기로 떡을 잘라서 틀에 높이 괴는 일은 남성들이 담당한다.

날고기를 쌓아 도적을 만드는 데는 법칙이 있다. 비늘 있는 물고기, 털 있는 육지 고기, 날개 달린 고기 등을 모두 쓰는데, 맨 아래에는 생선류를 놓는다. 그 위에 쇠고기 등 육지 고기를, 맨 위에는 날개 달린 고기를 올린다. 보통 닭을 사용한다. 이는 바다와 땅과 하늘, 즉 우주의 질서를 상징한다. 2002년도 학봉 불천위 제사에 올린 도적은 북어 40마리, 고등어 12마리, 방어, 상어, 조기, 쇠고기, 닭이 쓰였는데 10단으로 쌓았다. 높이 쌓아야 하는 도적은 날것이므로 쌓기가 쉽지 않다. 그래서 나무꼬챙이로 꿰어 균형을 잡기도 한다. 도적을 높이 쌓기 위해 가장 아랫단에는 북어포 등과 같이 힘을 잘 버틸 수 있는 건어물을 까는 것이 보통이다.

도적과 마찬가지로 떡은 대표적인 고임 제물이다. 떡 또한 높이가 높을수록 제사의 성대함을 한층 드러낼 수 있는데, 유명 종가의 불천위 제사에서는 대략 60cm 전후의 높이로 쌓는다. 이 때 본편으로 불리는 시루떡으로 높이를 조절한다. 즉, 가장 아랫단에 놓이는 시루떡을 여러 층 겹침으로써 고임의 높이가 결정되는 것이다. 2002년도 학봉 불천위 제사 때는 본편 위에 맞편 쑥편을 올리고 그 위에 웃기로 쑥경단, 송기송편, 부편, 잡과편, 국화전, 조약, 깨꾸리를 얹었다. 역시 총 10단으로 쌓았다. 도적은 서쪽에 올리고 떡은 동쪽에 올린다. 학봉종가의 불천위 제사 음식 중 가장 특징적인 것은 마(산약)이다. 마는 생마를 쓴다. '학봉 김성일이 임진왜란 중 속병이 났을 때 마를 먹고 나았다'고 하여 올리는데, 정과正果의 맨 위에 올린다.

제사의례는 제사 전날부터 시작된다. 제사 전날인 입재일 오후 3시경부터 대청마루에서는 유사들이 제사 음식을 담기 시작한다. 대략 밤 8시경에 끝난다. 모든 제물을 대청의 동남쪽 한쪽에 있는 상위에 가지런히 옮기고 그 위에 한지(백지)를 덮는다. 그 사이 원근의 후손들이 제사에 참여하기 위해 모인다. 사랑에서는 유사가 오는 순서대로 시도록時到錄에 성명, 연령(생년, 간지),

거주지 등을 기록한다. 저녁 식사 후 불천위 선조를 추모하고 자손들의 화목을 다지는 시간을 보내다, 밤 9시 30분쯤 불천위 제사의 실질적인 시작이라는 분정分定(소임을 정하는 일)이 시작된다. 종손과 문중 어른들이 사랑에 모여 앉아 붓글씨로 집사를 맡은 제관 이름을 차례대로 쓴다. 규격에 맞춰 쓴 뒤 초헌初獻, 아헌亞獻, 종헌終獻, 진설陳設, 축祝, 홀笏, 봉향奉香, 봉로奉爐, 봉촉奉燭, 봉잔奉盞 등의 소임을 적어 놓은 판에 붙인다.

밤 10시부터는 대청에서 설소과設蔬果, 즉 1차 진설을 시작한다. 대청 북쪽에 병풍을 두르고 서쪽에 선조 고위考位의 제상을, 동쪽에 비위妣位의 제상을 나란히 놓은 다음 두 제상 중앙 앞에 향안을 놓는다. 이는 고위의 제사이지만 고위 한 분만 모시는 단설이 아니라 비위의 제사도 함께 모시는 합설이며, 합설 중에서도 상을 각각 따로 차리는 각설(병설)의 배치이다. 제사를 지낼 때, 기일을 맞은 조상의 신위만을 모실 것인지 배우자의 신위도 함께 모실 것인지는 예로부터 많은 논란이 있었다. 그러나 이 역시 '가가례'의 관점으로 이해할 수밖에 없다.

'돌아간 분들을 모실 때는 서쪽을 높은 곳으로 여긴다'는 예의 제도에 따라 서쪽에 고위를, 동쪽에 비위를 모신다. 제상 뒤쪽 고위 쪽에는 중류지주中流砥柱, 비위 쪽에는 백세청풍百世淸風의 휘장을 늘어뜨린다. 중류지주란 '황하의 거센 물결에도 흔들리지 않고 꿋꿋이 서 있는 지주산'이라는 뜻으로, 불천위 김성일의 큰

설소과

절개와 꿋꿋한 기상을 상징한다. 백세청풍은 '영원한 맑은 기풍'이라는 의미로, 그의 얼을 상징한다. 그 뒤를 두르는 제사 병풍은 불천위의 스승인 퇴계 이황이 불천위 김성일에게 직접 써 준 「병명」을 종부 이점숙이 새댁 시절 수를 놓아 마련한 것이다. 제상의 중앙 후면에는 신주를 모시는 의자인 교의를 각각 놓고, 교의 앞 중앙에 잔반盞盤과 시접匙楪, 촛대를 각각 하나씩 놓는다. 수저는 손잡이가 서쪽을 향하게 하여 시접 위에 올려놓는다. 시접 옆에는 소금과 간장 종지를 하나씩 놓는다. 제수는 앞에서 볼 때 맨 앞줄에 과일을 왼쪽으로부터 대추, 밤, 호두, 땅콩, 사과, 배, 곶감의 순으로 놓고, 그 뒤쪽에 수박 등 제철 과일을 놓는다. 다시 그

뒷줄 맨 왼쪽에 포를 놓고 숙채와 산채, 그 다음 식혜를 놓는다.

밤 10시 10분쯤 현재 후손 중 가문을 빛낸 인물을 불천위 조상께 고하는 고유제를 올린다. 고유할 대상 인물은 박사학위 취득자, 선출직 공무원 당선자, 일정 직위 이상의 공직자, 사법시험 등 주요 국가고시 합격자 등이다. 후손들 모두 사당으로 가서 사당 안 불천위 위패 앞에 간단한 음식상을 차리고 절차에 따라 예를 올린다.

12시 30분, 종손을 비롯한 모든 참사자(제사에 참여한 사람, 제관)는 1차 진설이 되어 있는 정침正寢에 늘어서고, 집사가 홀기를 읽으면 그에 따라 제사 의례를 시작한다. 참사자들은 대부분 도포나 두루마기에 유건을 쓰고, 종손은 도포에 갓, 차종손은 흰 두루마기에 갓을 쓴다. 정침에 다 늘어설 수 없으므로 뜰과 안마당에 이르기까지 제관들이 늘어선다. 아래는 제사 의례의 절차이다.

1) 출주와 참신례

출주出主는 신주를 사당에서 모시고 나오는 절차이다. 주인(종손)은 촛불을 든 봉촉을 선두로, 봉로, 봉향, 축관 등 관련 집사들과 함께 제청을 나와 정침의 동북방에 위치한 사당에 불천위 신주를 모시러 간다. 주인과 집사들이 사당의 맨 왼쪽(서쪽)에 위치한 불천위의 신주를 모신 감실 앞에 촛불과 향로를 설치한 후 모두 밖으로 나와 사당 앞에서 두 번 절한다. 홀기에는 두 번 절한 후 축관이 신주가 들어 있는 주독主櫝을 여는 것으로 되어 있으나, 실제로는 주인이 감실에서 주독을 꺼내어 열고 양위 신주의 덮개를 벗긴다. 그런 다음 사당 밖으로 나와 신주를 향해 두 번 절한다. 다시 주인이 사당 안으로 들어가 분향하고 향안 앞에 꿇어앉으면 축관이 주인의 왼쪽에서 동향하여 출주 고유를 한다.

이어서 주독 안에 모셔져 있는 고위·비위 양위의 신주 가운데 비위의 신주를 꺼내어 다른 예비 주독에 따로 옮겨 모시고 고위의 주독은 종손이, 비위의 주독은 봉위판이 각각 두 손으로 가슴에 정중히 모시고 사당에서 정침으로 내려온다. 정침에 각설로 마련되어 있는 고위와 비위의 제상 교의에 각각의 신주를 안치하고 두 번 절한다. 이 참신례參神禮는 신에게 함께 인사드리는 절차이다.

2) 강신례

참신례 후에 강신례降神禮를 행한다. 강신례는 신을 강림하게 하는 절차이다. 주인은 손 씻는 자리에 가서 손을 씻고 향안 앞으로 나아가 꿇어앉아 분향한 후, 부복하였다가 일어나 두 번 절하고 제자리로 돌아간다. 제상이 각설로 차려져 있기 때문에 향안은 고위와 비위의 제상 중간 앞에 마련되어 있다. 분향은 향을 세 번 살라 천상의 혼魂을 불러 내리는 의례이다. 뇌주는 술을 모사에 부어 땅으로부터 백魄을 불러 올리는 의식이다. 분향과 뇌주는 혼백을 하나로 합하게 하는 의례이다. 옛날에는 사람이 죽으면 정신인 혼은 하늘로 올라가고 육체인 백은 땅에 묻힌다고 생각하였다. 향을 사르면 그 연기가 하늘로 올라가 혼을 불러 내리고 모사에 술을 부으면 땅에 스며들어 백을 불러 올리는 것이다. 이렇게 조상의 혼과 백이 합해지므로 이는 조상이 오시는 것이고, 그래서 조상이 마치 앞에 앉아 계신 듯 제사를 모시는 것이다. 분향에 사용하는 향은 향나무로 만든 천연향이고 뇌주에는 청주를 사용한다. 이어서 진찬한다.

진찬은 신이 강림한 후 더운 음식을 올리는 2차 진설 절차이다. 이때 메(밥)와 갱(국), 면(국수), 편(떡), 도적, 탕 등을 올린다. 시접을 중심으로 메를 서쪽에, 갱을 동쪽에 놓아, 산 사람의 경우와 반대로 놓는다. 도적은 메 앞의 서쪽에, 편은 갱 앞의 동쪽에 놓는다. 탕은 육탕, 어탕, 봉탕, 소탕, 잡탕의 오탕으로 메와 갱의 앞줄에 놓는다.

3) 초헌례

초헌례初獻禮는 강림한 신에게 술을 권하고 언제 누가 누구에게 무슨 사유로 제사를 올리는지 아뢰는 절차이다. 종손이 손을 씻은 후 먼저 고위 앞에 나아가 꿇어앉는다. 좌집사가 신위 앞에 있는 술잔을 내려 주인에게 주면 우집사가 여기에 술을 따라준다. 이어 주인이 술잔을 향불 위로 올려 집사에게 주면 집사는 받아서 원래의 신위 앞에 올린다. 이어서 간첩肝楪을 올리고 그릇의 뚜껑을 연다. 간첩은 술안주에 해당한다.(원래는 肝炙을 올려야 하나, 2002년의 경우 간적 대신 상어전유어 1기를 양 신위 앞에 올렸다.) 다음에 선조비위 앞으로 나아가 같은 방법으로 헌작하고 간첩을 올린 다음 향안 앞으로 가서 꿇어앉는다. 참사자가 모두 꿇어앉으면 축관이 축판을 들고 주인의 왼쪽에 꿇어앉아 축문을 낭독한다. 낭독이 끝나면 주인은 엎드렸다가 일어나 제자리로 돌아간다. 초헌례가 끝나면 집사는 신위 앞에 올린 술잔을 퇴주 그릇에 비우고 다시 제 위치에 올려놓는다.

4) 아헌례와 종헌례

초헌례가 끝나면 아헌례亞獻禮와 종헌례終獻禮가 이어진다. 아헌례는 두 번째 잔을 올리는 순서로, 아헌은 주부가 된다. 이는 '제사는 부부가 함께한다'는 의미에서 나온 예법이다. 아헌례는 초헌례와 같은 방법으로 진행하되 축문이 없고 고위와 비위 앞에 술잔을 올릴 때, 안주용으로 육첩을 올린다.(원래는 肉炙을 올려야 하나, 2002년의 경우 육적 대신 상어전유어 1기를 양 신위 앞에 올렸다.) 주부는 절을 4번 한다. 종헌례는 세 번째 잔을 올리는 것으로, 절차는 아헌례와 같다. 술잔을 드릴 때 안주용으로 어첩을 올린다.(원래는 魚炙을 올려야 하나, 2002년의 경우 어적 대신 상어전유어 1기를 양 신위 앞에 올렸다.) 다만 잔을 올릴 때, 유식례의 절차를 위하여 술을 퇴주 그릇에 조금씩 3번 따르고 올린다. 이를 제작除酌이라 한다.

5) 유식례

유식례侑食禮는 신에게 음식을 드시도록 권하는 절차이다. 종헌이 재배를 하고 나면 주인에 메 뚜껑에 술을 따르게 하여 술잔에 첨작한다. 주인은 첨작한 후, 삽시정저 하고 향안 앞에 나아가 한 번 절한다. 삽시정저는 식사를 하시도록 숟가락을 메 그릇 중심에 꽂고 젓가락을 제물 위에 가지런히 놓는 것을 말한다. 이때 숟가락 안쪽이 동쪽을 향하게 하고 젓가락 손잡이 부분이 서쪽을 향하게 한다. 메와 갱은 산 사람의 경우와 반대로 진설하는 데 반하여 수저의 위치는 산 사람과 같은 방법으로 놓는다.

유식례가 끝나면 참사자들은 모두 잠시 밖으로 나간다. 이를 합문례闔門禮라고 하는데, 신이 조용한 공간에서 편안히 식사할 수 있도록 문을 닫고 밖으로 나가는 의례이다. 학봉종가의 불천위 제사는 대청에서 지내기 때문에 제상 앞에 가리개를 두르는 것으로 대신하고, 참사자 모두 고개를 숙이고 엎드린 채 끝날 때를 기다린다. 식사 시간은 구식경이라 하여 밥을 아홉 숟갈 먹는 시간 정도로 한다. 축관이 3번 기침을 한 후 닫았던 가리개를 거두는 계문례啓門禮가 끝나면, 식사를 마친 후 숭늉을 드리는 절차인 진다례進茶禮를 행한다. 갱 그릇을 내리고 숭늉을 올리고 숟가락으로 메를 조금 떠서 세 번 숭늉에 갠 다음 숟가락은 숭늉 그릇에 손잡이가 서쪽을 향하게 걸친다. (원래는 차를 올려야 하나 숭늉으로 대신한다.) 이후 손을 앞에 모으고 허리를 굽혔다가 몸을 펴는 국궁례를 한다. 앞의 절차가 모두 끝나면 신을 떠나보내는 사신례辭神禮를 드리는데, 수저를 거두고 뚜껑이 있는 음식을 모두 덮고 참사자 모두가 두 번 절하게 된다. 절을 마치면 축관이 축문을 불태우고, 신주를 출주 때와 반대의 순서로 사당에 봉안한다. 제례가 끝나면 철상하여 음복한다.

3. 학봉종가의 외손봉사

조선 중기까지는 외손주가 외조부모의 제사를 모시는 것이 그리 드문 일은 아니었다. 그때까지만 하더라도 혼인 후에 처가에 가서 살거나 외가에 사는 일이 흔하였다. 우스갯소리로 '선비는 어려서는 외가에서 자라고 장가들어서는 처가에서 지낸다' 는 말이 있을 정도이다. 안동의 경우 처가나 외가가 있는 곳, 처가와 외가의 토지가 있는 곳에 자리 잡아 동성마을을 이룬 경우가 많다. 김성일이 태어난 내앞마을도 그렇고, 김성일도 처가와의 인연으로 금계에 뿌리를 내렸다. 처가나 외가로 들어가 살게 되는 가장 큰 계기는 재산상속이다. 외가와 처가로부터 재산을 물려받아 터전을 마련하였으므로 자연스레 그 자손들이 외가의 제사를 지내게 되었다.

　외가에서 자라는 아이는 외조부모에 깊은 정을 느낄 수밖에 없다. 이러한 사정은 상례에도 반영되어 『주자가례』가 일상 의례로 쓰이기 전까지는 상복을 입는 기간이 친조부모와 외조부모가 크게 다르지 않았다. 따라서 외조부모가 제사를 받들 아들을 두지 않고 세상을 떠났을 경우, 그 재산을 외손주가 물려받고 외조부모의 제사를 모시는 것은 자연스러운 일이었다.

　학봉종가 외손봉사의 대상은 김성일의 장인 권덕황 내외이다. 종가에서는 해마다 음력 10월 10일에 후손들이 모여 부루곡에 있는 묘소에서 제사를 올린다. 김항수金恒壽(1747~?)가 지은 묘갈문에는 김성일의 장인 내외의 출신과 외손봉사의 내력이 적혀 있다.

> 공의 휘는 덕황으로 시조는 고려 태사 휘 행이다. 중조 휘 흔은 손자인 벌이 귀하게 되어서 이조판서에 추증되었다. 조부 휘 사영은 습독을 지냈고, 고는 휘가 응정으로 아들이 넷 있는데, 공이 그 막내이다. 부인은 흥해배씨로, 부는 윤이고 백죽당 상지의 후손이다. 공이 부인보다 먼저 돌아가셨는데, 아들은 없고 딸만 있으니 곧 학봉 김성일의 부인이시다. 배씨가 외손인 세마 집과 둘째 아들 좌랑 시권에게 제사를 받들게 하였다. 김씨가 금계에 산 것이 이때부터이다. 묘는 동무지의 간좌의 언

덕에 있다. 두 대에 걸쳐 제사가 끊어졌으니 먼 후손 두찬이 여러 집안과 의논하여 묘 아래에 제전을 마련하고 작은 묘갈을 세우고 상석을 개수하였다. 이 일을 주관한 사람은 필수와 진원이다. 을축년(1806) 10월 일 항수가 짓다.

김성일은 아들이 없던 권덕황의 외동딸에게 장가들었다. 권덕황이 세상을 떠나자 김성일의 장모 배씨는 남편의 제사를 외손인 김집에게 맡겼으며, 다시 김집의 둘째 아들 시권이 그것을 이어받았다. 제사를 외손에게 맡겼다는 것은 곧 외손에게 재산을 물려주었다는 것을 뜻한다. 외손과 그 자손들은 상속받은 재산을 바탕으로 외조부모에 대한 제사를 이어갈 수 있었던 것이다. 위의 묘갈문은 어떤 사정으로 그 제사가 끊어지자 후손들이 뜻을 모아 묘소를 정비하고 제사 모실 전답을 만들어 제사를 다시 올리게 된 내력을 기술하고 있다.

김성일은 장모를 각별하게 모셨는데, 그런 사정은 김성일이 임진왜란 중에 부인 권씨에게 보낸 편지에 살짝 보인다. 『금계지』에 의하면 김성일의 장모 배씨는 103세까지 살았다. 장모 배씨는 외손 김집에 이어 그 둘째 아들인 외승손 시권에게 남편의 제사를 넘길 때까지 장수하였던 것이다.

권덕황 묘제의 축문은 일반 제사의 축문과 다름이 없다. 그러나 축문 안에 "멀리 태어남의 유래는 인정상 내외가 따로 없습니다"라고 하여 부와 모, 친가와 외가를 동등하게 여기고 있다. 학봉 후손들은 그 비롯됨이 부모의 결합에 있으므로 정해진 예법에 어긋날지언정 인정상 후사가 없는 외조부모의 제사를 받드는 것이 올바른 도리라고 생각한 것이다. 이 묘제는 제사를 물려받은 김시권의 후손이 지내고 있으며, 담당 소에서 준비를 하고 종손이 참여한다. 학봉종가에서는 외외손봉사도 하는데, 김성일의 아들 김집의 장인 류종례 내외, 그리고 류종례의 장인 안경인 내외를 김집의 맏아들인 김시추부터 제사 지냈으므로 외외손봉사가 된다. 묘제는 묘소가 있는 안동 풍산읍 수동 매일에서 날을 정해 지낸다. 외외손봉사는 다른 집안에서는 볼 수 없는 매우 희귀한 예이다.

4. 학봉 문중의 보종의식

"종손은 지손을 먹여 살리지 못해도 지손은 종손을 먹여 살릴 수 있다"는 말이 있다. 문중에서 종가를 받들고 돕는 것을 보종保宗이라 한다. 문중에서 종가를 소중하게 여기고 돕는 것은 혈통의 정통성을 중히 여기는 것이고, 그것은 결국 조상을 높이는 행위이다. 즉 종가를 받드는 것은 조상을 받드는 것과 같다. 종가는 조상의 맏아들 맏손자로 이어진 맏집이기 때문이다.

보종은 종가를 수호하고 종가가 제대로 자리 잡아 그 역할을 할 수 있도록 돕는 일이다. 문중이 종가를 든든하게 지지하고 도우면 그 종가와 가문 모두 튼실해진다. 그래서 문중에서는 종가와 종손이 역할을 원만히 수행할 수 있도록 지원을 아끼지 않는다. 일제강점기 때 학봉종가 13대 종손 김용환이 독립 군자금을 마련하려고 종가를 세 번이나 다른 사람에게 팔았을 때, 그때마다 지손들이 돈을 걷어 다시 구입해 주었다. 이것이 보종이다. 그때 김용환의 속사정을 모른 채 파락호라고만 알고 있던 문중에서는 양자로 들어온 종손이었던 김용환을 '파양(양친·양자관계를 소멸시킴)하고, 문벌(문중에서 문중원의 자격을 제한함)에 붙이자'는 논의도 있었다고 한다. 이 또한 다른 의미의 보종이다. 종가를 다시 구입해 준 것도, 파양을 논의한 것도 모두 종가를 지키고 종손을 살리고자 하는 보종 행위인 것이다. 이는 종가, 종손이 한 개인 집, 한 개인이 아니고 공적인 위상을 지닌 집이요, 공적인 위상을 가진 사람이기 때문이다.

14대 종손 김시인이 거덜 난 종가에 양자로 들어온 얼마 후부터 학봉 문중에서는 종가 살리기 운동이 본격적으로 시작되었다. 물론 종손이 된 김시인에게 진 마음 빚이 그 원인의 하나가 되었겠지만, 종손 김시인과 종부 조필남의 종가와 문중에 대한 헌신적 역할이 가장 큰 원인이었다. 그들은 보종계를 만들어 십시일반으로 비용을 모아 종가를 돕기 시작하였다. 그중의 하나가 종손(당시 차종손)을 대학에 보낸 일이다. 김종길 종손은 이렇게 기억했다.

> 내가 사범학교를 나왔을 때 집안 형편이 어려워 대학 진학이

힘들었다. 그때 문중에서 더 큰일을 하자면 더 가르쳐야 된다고 해서 어떤 집은 달걀을 팔고, 또 어떤 집은 쌀을 내고 해서 비용을 모아 대학 학자금을 댔다. 나는 눈만 뜨면 문중 어른들이 눈에 선하고 한없는 부담감과 책임감을 느껴 곁눈 돌릴 생각이 없었다. 요즘 문중에서는 그때 교육시키기를 잘 했다고 한다.

학봉종가에서 매년 정월 초하룻날 종가 사당에 설 차례를 지낸 후 종부에게 세배를 드리는 도배례(합동세배) 또한 보종 의식의 표현이다. 세배는 종가 안채의 마루에서 이루어지는데, 나이와 상관없이 문중 사람들이 모두 종부에게 큰절로써 최고의 경의를 표한다. 물론 종부도 같이 절을 하는 맞세배이다. 이는 종가의 보존과 문중의 화합을 도모하고 봉제사와 접빈객에 헌신하는 종부의 노고에 대해 문중 사람들이 감사를 표하는 대를 이어 내려오는 예식이다.

학봉 문중의 결속력은 남다르다. 안동에서 흔히 하는 말로 "안동의 양반 가운데 의성김씨가 제일 별나고, 의성김씨 가운데는 학봉파가 제일 별나다"라고 하는데 아직까지도 학봉 문중의 보종 의식은 남다르다. 그래서 지손들이 종갓집 농사도 대신 지어 주고, 겨울철이 되면 땔감도 해다 주고, 명절과 제사 때에는 종갓집 마당 잔디도 베어 주고, 김장할 때가 되면 채소까지 그냥 가져다준다고 한다. 몇십 년 전만 해도 마을의 지손들이 특별한 일이 없어도 매일 종가에 한 번씩 들러 둘러보곤 했다고 한다.

학봉종가는 학봉 문중만의 종가가 아니다. 학봉학맥의 종가이기도 하다. 그래서 학봉종가의 역사 속에는 그 학맥에 속한 사람들이 그 종가를 보호하기 위하여 때로는 학문의 스승이 되고, 때로는 격려의 말을 전하고, 때로는 경계의 말을 전하는 방식으로 도움을 준 흔적들이 여러 곳에 보인다.

5. 학봉종가의 혼반

1) 혼반과 가문

　혼인과 혼반은 한 가문의 지체를 정하는 중요한 요소이다. 어느 가문과 혼인을 하는가에 따라 가문의 위상을 판단하였다. 그래서 '혼반을 보면 그 집 지체를 안다'고 하였다. 따라서 양반들은 '걸맞은 혼처'를 구해 혼인을 하였다. 걸맞은 혼처는 양반이 격이 비슷하거나 높은 가문이 고려되었다. 당파와 학맥도 혼인을 결정하는 큰 요소로 작용하였다. 거기에 배우자가 될 사람의 사람됨을 살펴야 했다. 결국 이러한 여러 조건에 맞는 가문과 배우자를 찾다 보니 혼인의 범위가 차츰 넓어졌다.

양반들은 혼인을 그들의 지위를 높이고 힘을 키우는 수단으로 이용하였다. 그들은 혼인을 통해 다른 가문과 연결됨으로써 지역사회에서 자신들의 지체를 다시금 굳게 다질 수 있었다. 또한 이러한 혼인의 끈을 더욱 강하게 결속시키기 위하여 조상 대대로 인연이 있어 왔던 이른바 '믿는 혼처'를 찾기도 하였다. '믿는 혼처'는 대개 여러 대에 걸쳐 오래도록 관계를 맺어 온, 이른바 세의가 있는 가문이다. 학문적으로 사제관계, 동문관계라든지, 윗대에서 혼인한 경험이 있는 집들이다. 안동에서는 학맥에 따른 혼인이 많았는데, 주로 퇴계학맥에 속한 집안끼리 혼인하는 경우이다.

혼인을 하여 결과가 좋은 혼인을 길혼吉婚이라 한다. 길혼의 대상이 되는 문중을 길반吉班이라 하는데 길반은 그다지 많지 않다고 한다. 의성김씨의 경우 특히 전주류씨와 봉화 닭실 안동권씨를 길반으로 친다. 조상 대대로 길반으로 여겨 온 문중과는 혼인관계가 거듭 맺어져 이른바 혼반이 이루어진다.

김성일 가문의 혼인관계는 후손이 많은 만큼 매우 광범위하다. 그것을 모두 다룰 수는 없으므로 범위를 정하였다. 김성일의 손자 대까지는 모두, 그 다음 대부터는 종손과 종손의 형제자매의 혼인관계만을 범위에 넣어 의성김씨 학봉파 족보를 참고자료로 하여 살폈다.

김성일의 며느리부터 현 15대 종부에 이르기까지 학봉종가에 시집온 며느리 성씨를 살펴보면, 26성씨(진주류씨, 옥천전씨, 영덕주씨, 진성이씨, 원주변씨, 안동권씨, 전주이씨, 밀양박씨, 부림홍씨, 성산이씨, 홍해배씨, 풍산류씨, 재령이씨, 영해박씨, 고령신씨, 순천김씨, 동래정씨, 평산신씨, 전주최씨, 한산이씨, 평해황씨, 여주이씨, 고성이씨, 아주신씨, 한양조씨, 서흥김씨) 45명(재취 포함)이다. 그중 가장 많은 성씨는 진성이씨로 8명에 이른다. 특히 김성일의 11대 종손에서 15대 종손에 이르는 동안 4명의 진성이씨가 학봉종가의 며느리가 되었다. 다음으로 많은 성씨는 안동권씨로 5명이 학봉종가의 며느리가 되었다. 그중 2명은 충재 권벌의 후손이다. 그 다음으로 많은 성씨는 여주이씨로 4명인데, 8대 종손에서 10대 종손 사이에 3명의 회재 이언적 후손이 학봉종가의 며느리가 되었다.

학봉종가의 사위들은 26성씨(진성이씨, 부림홍씨, 안동권씨, 풍산김씨, 동래정씨, 광주이씨, 고창오씨, 남양홍씨, 풍산류씨, 창원황씨, 영천이씨, 홍해배씨, 성주도씨, 원주변씨, 영양남씨, 아주신씨, 금씨, 민씨, 태씨, 평산신씨, 월성손씨, 전주최씨, 고성이씨, 전주류씨, 인동장씨, 달성서씨) 40명이다. 사위는 안동권씨가 5명으로 제일 많고, 풍산김씨가 4명으로 그 다음이고, 진성이씨, 풍산류씨가 각각 3명이다. 그 가운데 풍산김씨 김대현의 아들 8형제 중 3명이 김성일의 사위 1명, 손자사위 2명이 되었다는 사실이 아주 흥미롭다. 아마 그의 문인이자 사위인 김영조가 종가에 장가들게 됨으로써 그렇게 인연이 맺어진 것이 아닌가 한다.

명문 학봉종가의 혼인이므로 당연히 양반의 품격을 따졌을 것이다. 그리고 믿을 만한 집안에서 며느리를 들이거나 사위를 얻었을 것이다. 그것을 전제로 혼인관계를 살펴보면 다음과 같은 특징이 엿보인다. 하나는 영남학파, 특히 퇴계학파에 속하는 인물들의 후손이 많다는 사실이다. 퇴계의 후손인 진성이씨는 말할 것도 없고, 배삼익의 후손, 류운룡·류성룡 형제의 후손, 김윤안의 후손, 이현일의 후손, 황준량의 후손들이 모두 퇴계학파에 속하는 가문의 인물들이다. 다음으로 몇 대에 걸쳐 같은 집에서 며느리를 들이거나 사위를 얻었다는 점도 눈에 띄는데, 이는 혼인을 계기로 서로가 서로를 더 잘 알게 되고 이를 통하여 이른바 믿을 만한 혼인을 했다는 것을 의미한다. 그 다음으로는 며느리의 경우 종가의 딸이거나 명문가의 딸이 많고, 사위의 경우 종가의 주손이거나 명문가의 주손이 많다는 점이 특징이다. 이는 양반의 품격이 우선이겠지만, 종가나 명문가의 큰살림을 너끈히 맡아 할 사람이어야 한다는 점도 염두에 두어진 것이 아닌가 한다.

학봉종가의 역사 속에서 종가의 며느리들은 눈에 보이지는 않지만 더할 나위 없이 소중하고 훌륭한 역할을 했을 것이다. 학봉종가가 15대를 내려오는 동안 적지 않은 역경이 있었음에도 가문의 훌륭한 전통을 잃지 않은 까닭은 종손의 종손다운 역할이 있었고, 종가를 돕고 지키려는 문중의 도움과 보호도 있었을 것이며, 학봉학맥에 속한 가문 내지 지역 사림들의 지극한 배려도 있었을 것이다. 이런 여러 이유 외에도 드러나지 않은 종부 및 종가 며느리들의 헌신적인 역할이 있었을 것임은 누구라도 능히 짐작할 수 있는 일이다. 그러나 그것은 짐작이거나 혹 구전으로 전해 올 뿐, 그 역할이 기록으로 남아 있기는 어렵다.

2) 학봉종가의 사위들

앞에서 정한 범위 안에 들어 있는 학봉종가의 사위들은 40명이다. 사위들 중 문과 급제자가 8명(권태일, 김영조, 오여벌, 김연조, 김응조, 신열도, 홍여하, 이만운)이나 되고, 그 외에도 수많은 이름 있고 훌륭한 사위들이 있다. 하지만 그들을 일일이 다룰 수는 없으므로 그 가운데 김응조, 류원지, 홍여하 3명의 인물만을 대표로 뽑아 언급하기로 한다.

(1) 학사 김응조(1587~1667)

학사鶴沙 김응조金應祖는 김성일의 아들 김굉의 사위이므로 김성일에게는 손녀사위가 된다. 그는 풍산 오미동에 근거를 둔 풍산김씨로 유연당悠然堂 김대현金大賢(1553~1602)의 여섯째 아들이다. 김대현은 아들 9형제를 두었는데, 일찍 세상을 떠난 여덟째 김술조를 제외한 8형제가 모두 사마시에 합격하고, 그중 5형제가 대과에 급제하였다. 1629년, 인조는 아홉째 김숭조가 대과에 급제하자 "팔련오계지미八蓮五桂之美"(소과를 연꽃에, 대과를 계수나무에 비유함)라고 칭찬하고 마을 이름을 오미동五美洞이라 지어 내려 주었다. 김대현의 아들 중 셋이 학봉종가의 사위가 되는데, 김대현의 둘째 아들 김영조는 김성일의 사위이고, 다섯째 아들 김연조와 여섯째 아들 김응조는 손녀사위이다. 이들 중 김응조를 다루는 것은 그가 김성일의 문집인 『학봉선생문집』의 발문을 썼기 때문이다.

김응조는 소년 시절에 무섭도록 집중하여 공부하였다. 부친의 삼년상을 마친 18세(1604)에 소백산에 있는 어떤 절에 들어가 독서하였는데, 매일 밤늦도록 책 읽기를 게을리하지 않는 그에게 한 승려가 자신도 밤을 새우는 데 능하다고 하며 김응조와 10일 동안 잠을 자지 않기로 약속하였다. 9일째가 되던 날 함께 밤을 새우던 승려는 피를 토하며 바닥에 쓰러졌으나, 김응조는 변함이 없었다. 날이 밝자 승려가 일어나 절하며 말하기를 "선생은 특이한 분이시니 반드시 크게 되실 것입니다"라 하였다고 한다.

김응조는 1613년 가을 경상좌도 감시에 수석 합격하고, 이어서 생원회시에 2등으로 합격하였다. 이해에 조정에서 인목대비를 유폐하고 영창대군을 죽이는 참혹한 정변이 일어났다. 김응조는 영남 선비들과 함께 정변의 주역인 이이첨을 죽이라는 상소문을 지었다. 당시 정인홍, 이이첨 등 북인들이 정권을 잡고 있었다. 점점 심해지는 북인들의 전횡에 깊이 실망한 김응조는 더 이상 과거에 응시하지 않고 인동(현재의 구미)의 큰 학자 장현광을 찾아가 배움을 청하고 왕래하면서 학문 탐구에 몰두하였다. 그는 인조반정이 일어난 1623년에야 과거에 응시하여 급제하였다. 이해에 정경세를 찾아가 만나고 그 이후로도 10여 년을 오가며 학문을 닦았다.

1634년 그는 홀연히 벼슬을 버리고 살고 있던 영주의 갈산으로 귀향하여 세 칸의 소박한 남애정사를 지었다. 정사의 방 두 칸 이름을 명재瞑齋라 짓고, 한 칸 마루의 이름을 아헌啞軒이라고 하였다. 눈 감고 입 닫고서 지내겠다는, 복잡하고 거친 세상일에 대해서는 눈 돌리거나 말하지 않겠다는 뜻을 담아 지은 이름이다. 그는 그곳에서 세상을 멀리한 채 마음을 가다듬는 즐거움으로 나날을 보냈다. 1641년부터는 학가산과 사천이 만나는 지점 기슭에 학사정을 짓고 두 칸 방을 완심재玩心齋, 네 칸의 마루는 성심헌醒心軒이라 이름 붙이고 마음을 가다듬으며 편안하게 생활하였다.

벼슬살이와 고향에 돌아와 은거하는 생활을 되풀이하던 김응조는 조정 안에서 벼슬살이할 때는 상소 등을 통하여 나라와 백성을 위하여 애를 썼고, 지방의 수령으로 있을 때는 검소하게 살며 학문의 진흥과 풍속의 순화를 위해 애쓰는 등 백성의 삶을 위하는 일에 있는 힘을 다하였다. 김응조는 돌아가기 전 몇 해 동안 주로 영주와 예천, 예안의 선비들과 어울려 늘그막의 여유로운 삶을 즐겼다. 다산 정약용은 『택리지』 발문에서 "풍산김씨는 학사 김응조를 추대하여 오미를 점유하였다"라고 하여 풍산김씨의 대표 인물로 김응조를 꼽았다.

(2) 졸재 류원지(1598~1674)

졸재拙齋 류원지柳元之의 본관은 풍산으로 김성일의 지기 서애 류성룡의 맏손자이다. 그는 어려서부터 아주 단아한 모습에 맑고 순수한 마음을 지니고 있었다. 8세 즈음 조부 류성룡의 가르침을 받았는데, 단정하고 영특하여 조부의 사랑을 듬뿍 받았다. 류성룡은 돌아갈 때에 맏손자인 류원지에게 "충효를 가장 중요히 여기고, 힘써 좋은 일만 생각하고 힘써 좋은 일만 행하라"는 말을 남겼는데 그는 이를 마음속에 깊이 새겨 훗날 자식들을 가르치는 교훈으로 삼았다. 조부가 세상을 뜬 후에는 서애학맥을 이었다고 평가 받는 작은아버지 류진의 가르침을 받았다. 그는 17세에 김성일의 맏손자 김시추의 딸에게 장가들었다.

1627년에 향시에 합격하고, 1634년 사헌부감찰이 되었으나, 다음 해 작은아버지 류진이 세상을 떠나자 고향으로 돌아온 후 은거하였다. 1636년 병자호란이 일어나자 안동지방의 의병장 이홍조와 함께 의병부대의 일을 맡아 큰 활약을 하였다. 그 후 벼슬살이와 고향에 돌아와 지내는 일을 되풀이하였다. 류원지는

1666년 영남유생 1400여 명이 당시의 예송과 관련하여 올린 「영남의례소」를 지었다고 전해진다. 또한 그는 심성론과 사단칠정론에 관해서 퇴계의 리기호발설을 옹호하고 이이의 기발리승일도설을 비판하였다. 그는 역학에도 깊은 관심을 지녀 역학에 관한 많은 저술을 남겼다. 한편 류원지는 퇴계의 경敬사상을 그대로 따랐는데, 나이가 많이 들어서도 벽에 '스스로를 경계하는 글'을 써 붙이고 마음을 가다듬었다고 한다.

(3) 목재 홍여하(1620~1674)

목재木齋 홍여하洪汝河의 본관은 부계缶溪이다. 그는 어릴 때부터 재주가 뛰어났으며 독서를 즐겼다. 정경세가 이를 보고 기이하게 여겨 '이 아이는 훗날 반드시 큰선비가 될 것'이라고 예언했다고 한다. 김성일의 3대 종손 김규의 딸과 혼인하였다. 그는 1639년 약관 20세에 『휘찬여사』를 완성하고 범례를 짓는 천재성을 보인다. 또한 1646년 27세 때에는 『사서발범구결』을 저술했다. 30세 이전에 사학과 경학에 발군의 학문 능력을 보인 것이다.

1654년 진사가 되었으며 그해에 식년문과에 급제하여 벼슬길에 올랐다. 예문관에 들어가 검열이 되고 이어 설서·전적·정언을 거치면서 경연에서 『주례』를 강학하기도 했다. 그는 효종에게 시무소를 올렸다가 서인의 배척을 받아 고산찰방으로 좌천

되었고, 1657년 파직당했다가 1658년 경성판관으로 복귀하였다. 다음 해 1차 예송 때 송시열의 기년복론을 공격하고 윤휴의 삼년복론을 옹호하는 상소를 올렸다. 예송에서 서인의 주장이 채택되면서 정치적으로 몰려 1660년 황간에 유배되었다. 다음 해 유배에서 풀렸으나 복직을 단념하고 고향 율리로 돌아와 산택재를 짓고 학문 연구와 저술에 전념했다. 1674년 2차 예송으로 서인이 실각하고 남인 정권이 수립되자 관직에 복귀하여 병조좌랑·사간을 제수 받았으나 나아가지 못하고 그해에 돌아갔다. 1689년 부제학에 추증되었다.

그는 정치적으로는 고난과 수난을 연속하여 겪었으나 학문과 문장으로는 이름을 드날렸다. 당시 영남사림에서는 영남 문장 사대가로 우복 정경세, 동강 김우옹, 창석 이준과 함께 그를 꼽았다고 한다. 학맥상으로는 전통적인 가학을 이어받았다. 그의 5대조는 유명한 허백당 홍귀달이다. 아버지 홍호는 정경세의 문인으로 대사간을 지냈다.

그의 학문은 다양한 방면에 걸쳐 있다. 그는 사서를 깊이 연구하였는데, 사서 중에서도 특히 『중용』에 힘을 기울여 『용학구의』를 저술했다. 역학의 연구도 깊은 경지에 들었다. 그는 때때로 "우리나라 사람은 역을 읽을 적에 명리에 얽매어 참뜻을 알지 못한다"고 탄식했다. 1672년부터는 우리 역사의 연구와 저술에 힘을 기울여 『동국통감제강』과 『해동성원』 등을 저술했다. 그는 역사학에 큰 업적을 남겼지만 경학과 도학에도 매우 밝아 생전에 사림의 태산북두로 불렸다.

제4장 학봉종가의 건축

학봉종가와 관련된 건축물은 범위를 넓히면 상당히 많다. 그것을 일일이 다 살필 수는 없으므로, 여기서는 범위를 좁혀서 현재의 학봉종택, 김성일의 강학 장소인 석문정사, 김성일을 모신 임천서원, 구 종택 터에 있는 소계서당을 다룬다. 필자는 건축에 대하여는 문외한이다. 그러므로 건축물 자체에 대하여는 이미 소개된 자료를 그대로 인용하였다.

1. 학봉종택

학봉종택은 조선 후기 상류주택의 전형적인 모습이다. 대지 2,000평 위에 사랑채, 안채, 문간채, 사당, 풍뢰헌風雷軒, 대문채, 선대의 유물을 전시하고 있는 운장각雲章閣을 모두 합쳐 90여 칸의 규모이다.

현재 건물이 앉은 방향은 서남향의 간좌艮坐이다. 그런데 1년 반이라는 짧은 시간이나마 김성일이 금계에서 지낼 때에도 이 터에서 살았던 것은 아닌 듯하다. 종택은 그의 맏손자 김시추가 풍뢰헌을 지으면서 비로소 이루어진 것으로 생각되기 때문이다. 김시추가 풍뢰헌을 짓고 종택을 삼은 이 터는 지대가 낮아 종택이 자주 침수되고 습기가 많았다. 그래서 1762년 8대 종손 김광

종택 전경

찬이 지금 위치에서 100m 가량 떨어진 현 소계서당邵溪書堂 자리에 해좌亥坐의 종택을 지어 1960년대 초까지 살았다. 그러다가 1964년에 건물을 뜯어 다시 옛터로 옮겨 왔다. 옮겨 올 적에 습기가 올라오지 않도록 집터를 2m 정도 흙으로 돋운 다음에 건물을 다시 세웠다.

조용헌은 학봉종택의 위치를 풍수적으로 다음과 같이 설명하였다. "종택 뒤의 내룡來龍은 산이 아니라 작은 동산이라 할 정도로 아담하고 부드럽다. 태조산인 천등산에서 20리를 굽이쳐 내려온 맥이다. 또 집 앞의 안산도 둥글둥글한 금체 형태의 작은 동산들로 형성되어 있다. 이 봉우리들은 노적봉으로 쌀과 재산으로 본다." 그는 이어 "소계서당이 있는 해좌의 구 종택과 간좌의 현 종택은 풍수상에 차이가 있다. 해좌 터는 멀리 조산에 뚜렷한 모습의 문필봉이 좋게 보인다. 문필봉은 학자가 살기 좋은 집터이다. 반면에 수구가 벌어져 있고 물이 집터를 감아 돌지 않고 쭉 뻗어나가는 형세다. 즉 해좌 터는 문필봉이 장점인 반면 수구와 물의 흐름이 약점이다. 현재 종택인 간좌는 문필봉이 없는 대신 물의 흐름이 집을 감싸고 흘러서 좋고, 안대도 노적봉이라 재물이 모이는 터라고 볼 수 있다. 이렇게 각기 일장일단이 있다. 어느 터를 택할 것인가는 종택이 처한 시대적 상황에 따라 결정되기 마련이다"라고 하였다.

그러면 종택의 역사를 살펴보자. 김성일은 아버지 상을 마치고 내앞에 있는 백운정에 한 달여 머물다가, 1582년 7월에 살림을 나서 살고 있던 남실에서 처가의 마을인 이곳으로 이주하였다. 아마 처가에서 같이 살았던 것으로 여겨진다. 그는 같은 해 8월에 의정부사인이 되어 조정으로 돌아갔고, 나주목사로 있던 1585년 7월 나주에서 말미를 내어 돌아왔다가 8월에 다시 부임하였다. 1586년 12월 비로소 나주목사를 그만두고 돌아왔다가 1588년 7월에 첨성이 되어 조정에 돌아갔다. 1590년 3월에 통신사로 일본에 가는 도중에 본가에 와 이틀을 머물고 떠났다. 그가 1582년 이후 10년 간 금계에서 지낸 시간은 1년 반에 불과했던 것이다.

『금계지』의 기록에 의하면 김성일뿐만 아니라 그 아들 김집도 외가인 권덕황의 집에 오래 머물러 살지는 않았다. 김성일의 맏손자 김시추가 풍수를 아는 승려 성지로 하여금 행정杏亭 위의 간좌곤향에 터를 잡게 하여 집을 지은 것이 비로소 학봉종택의 시작인 것이다. 『금계지』는 그 사실을 "실은 당을 지은 것이다. 다락을 풍뢰헌이라 하고 재실을 영모재라 하였다"라고 기록하였다. 김시추가 새로 터를 잡아 집을 지은 것은 김성일 가문의 외손봉사와 연결되는 것으로 보인다. 김성일이 이주했던 권덕황의 집은 그의 아들 김집이 외조부 권덕황의 제사를 모시게 됨으로써 김집이 물려받았고, 그 후 김시추의 동생인 김시권이 둘째 외증손으로 그 제사를 받들게 됨으로써 김시권이 물려받았다. 즉 김성일 손자 대에 이르러 둘째 손자가 외증조부 제사를 받들면서 그 집을 물려받고, 본가의 제사를 모셔야 하는 장손 김시추는 따로 터를 구하여 새로이 집을 마련했던 것이 아닌가 한다. 김시추가 당시 당이라고 일컬을 만한 작은 집 풍뢰헌 하나만을 지었는지, 아니면 규모를 어느 정도 갖추어 집을 지었는지, 그도 아니면 집이 있는 데에 다시 풍뢰헌을 당으로 따로 지었는지는 확인되지 않는다. 다만 그 후로 학봉종택을 풍뢰헌이라고 불렀다고 하므로 풍뢰헌이 학봉종택의 중심 건물이었을 것이다.

종택의 중심 건물인 풍뢰헌에 김시추의 아들 김규는 자신의 호인 정근재定跟齋를 당호로 걸었다. 7대 종손 김주국은 자신의 호를 따서 철토재撤土齋라고 이름 하였다. 종가는 1762년 지금의 소계서당 자리로 터를 잡아 이사했는데, 10대 종손 김진화가 1842년 원주에서 은퇴하고 돌아와 종택을 더 넓혀 크게 짓고서 자신의 호를 빌려 탄와坦窩라고 당호를 붙였다. 그때 풍뢰헌 건물을 원래 있던 옛터로 옮겼다. 풍뢰헌은 김헌락이 『금계지』를 지을 즈음에는 문중 자제들이 학업을 익히는 장소로 사용되었고, 그 뒤에는 김홍락이 거처하면서 제자들을 가르치는 장소로 쓰였다. 김홍락이 1899년 돌아간 뒤, 풍뢰헌이 어떻게 되었다는 사실은 확인할 수 없었다. 아마 일제강점기 초기 종가가 몹시 힘들고 어수선하던 시절, 관리를 제대로 못해서 무너진 것이 아닌가 생각할 뿐이다. 풍뢰헌은 근년에 종택 안에 중건되었는데, 그곳이 풍뢰헌이 있던 원래 자리인지 아닌지 알 수가 없다.

1964년에 옛터로 다시 옮겨 온 현재의 학봉종택은 정침과 사당, 문간채, 풍뢰헌, 운장각으로 구성되어 있다. 최근에 지은 솟을대문을 들어서면 넓은 마당을 앞에 두고 정침과 사당이 서남향으로 배치되어 있다. 마당 동편에는 근년에 지은 유물관인 운장각과 풍뢰헌이 서북향으로 나란히 자리 잡고 앉아 있다. 학봉종택은 기본 적으로 '口' 사형 주택에 속한다. 이러한 형태는 안동을 중심으로 한 경북 북부 지방의 양반집에서 많이 볼 수 있는데, 학봉종택은 최근 중문간 좌측에 '一' 자형 아래채를 달아내어 전체적으로 'ㄷ' 자형의 평면 형태를 취하고 있다.

정침의 정면 우측에는 사랑채가 배치되어 있으며, 사랑방 우측으로 사랑마루가 길게 돌출되어 있다. 사랑채는 본래 소계서당으로, 2칸의 마루를 중심으로 양측에 1칸 크기의 온돌방을 두고 앞쪽에 길게 툇마루를 둔 중당협실형中堂挾室形이었다. 그 후 종택의 사랑채로 사용하면서 좌측 2칸을 큰 사랑방으로 꾸미고, 우측의 2칸을 사랑마루방으로 고쳤다. 큰 사랑방의 좌측으로 2칸의 작은 사랑방이 놓이고, 큰 사랑방 뒤로 1칸의 책방이 놓여 안채와 연결된다. 사랑채 앞쪽에는 폭이 좁은 툇마루를 놓고 계자각 난간을 둘렀다.

작은 사랑방 왼편에 난 중문을 들어서면 안마당에 면해 안채가 자리 잡고 있다. 안채는 몸채 좌우에 날개집을 거느린 'ㄇ'자형으로 왼편에서부터 부엌 2칸, 안방 2칸, 안대청 3칸을 차례로 배치하였다. 안대청 뒤쪽에는 여성들이 사용하는 툇마루를 두고, 그 앞에 작은 후원을 조성하였다. 부엌 앞쪽의 왼편 날개집은 오늘날의 주거생활에 맞게 내부가 식당으로 개조되어 있다. 안채의 각 방은 안마당을 향해서는 열려 있으나 외부를 향해서는 닫혀 있다. 따라서 자연히 각 방은 안마당을 중심으로 내밀한 여성 공간을 형성하였다. 사랑채와는 시선 및 동선상으로 차단되어 남녀의 생활공간이 엄격히 나뉘도록 했다. 이러한 안채의 공간 구성은 전통적인 의례와 유교적 예제에 바탕을 둔 것이다.

정침 뒤편 동편에는 토석 담장을 둘러 별도의 반듯한 공간을 형성하고 정면 3칸, 측면 1칸 규모의 사당을 두었다. 사랑채 오른편에 건축된 콘크리트조의 한옥인 운장각은 김성일의 유물 보관과 전시를 위하여 건립한 것으로 그의 유품과 문중에서 소장하고 있는 전적 및 고문서가 보관되어 있다. 최근에 종택 대문 밖에 학봉기념관을 지었다.

학봉종택에는 학봉 김성일과 그 후손들의 정신을 나타내는 여러 현판과 풍뢰헌에 관련된 기문이 있다. 현판으로 대표적인 것이 풍뢰헌, 문충고가文忠古家이다. 풍뢰헌은 앞에서 학봉의 손자 김시추를 다루면서 그 의미를 언급하였다. '징분여추산懲忿如推山 질욕여전학窒慾如塡壑'은 주자의 말로 "분노를 억누르기를 산을 꺾듯이 하고, 욕심을 막기를 골짜기를 메우듯이 하라"는 뜻이다. 이 역시 김시추를 다룬 부분에서 언급하였다. 그러므로 여기서는 정근재와 문충고가, 박약진전博約眞詮만을 언급한다.

정근재는 김성일의 증손 김규金煃(1602~1685)의 호이다. 정근의 근은 발뒤꿈치, 즉 밑바탕을 뜻한다. 그러므로 정근재는 '바탕을 굳건하게 정하는 집'의 뜻이다. 이와 관련하여 김성일이 강조한 공경하는 마음가짐과 정근의 뜻을 연결하여 생각할 수 있는 일화가 장흥효가 기록한 김성일 어록에 있으므로 이에 적는다.

김성일이 나주목사에서 물러나 금계 집에 있던 어느 날의 일이다. 김성일이 마루 위에 앉아 있는데 장흥효가 들어왔다. 그런데 장흥효는 들어오면서 걸음을 터벅터벅 걸었다. 김성일은 장흥효를 보고 "첫 번째 발자국을 떼어 놓을 때는 마음이 첫 번째 발자국을 떼어 놓는 데 있어야 하고, 두 번째 발자국을 떼어 놓을 때는 마음이 두 번째 발자국을 떼어 놓는 데 있어야 한다"라고 하였다.

사람은 늘 공경하는 마음가짐으로 살아가야 하는데, 공경하는 마음가짐은 안으로 공경스럽게 마음을 가다듬는 것만이 아니라 그 공경하는 마음가짐이 밖의 행동으로 가지런하고 엄숙하게 드러나야 한다는 것을 가르쳐 준 것이다. 정근의 뜻은 바로 한 발자국 한 발자국 디딜 때마다 마음가짐을 공경스럽게 하듯, 모든 행위와 일을 공경스러운 마음가짐으로 해야 한다는 뜻이다.

사랑채 앞면에 걸린 문충고가는 김성일의 시호를 따서 현판에 새긴 것으로 문충공의 옛집이라는 뜻이다. 문충이라는 시호에서 문의 뜻은 '도덕이 높고 학문이 넓고 깊음'(道德博聞曰文)이고 충의 뜻은 '몸을 바쳐 나라를 받듦'(危身奉上曰忠)이다. 이 시호는 김성일의 학문과 삶의 정신을 그대로 드러낸 것이라 할 수 있다. 문충고가 옆에 걸린 박약진전은 '박문약례博文約禮의 참된 깨우침'이라는 뜻을 지닌다. 이는 김성일이 이황에게서 받은 「병명」과 관련이 있다. 「병명」의 맨 마지막 구절이 바로 "박문博文과 약

문충고가 현판

례約禮가 다 같이 지극하여 정통의 연원을 이어 받음은 주자이시네" 이므로 박약진전은 김성일이 이황의 학통을 이어받았다는 의미도 담겼고, 후손들에게 조상의 그 정신을 깨우치고 이을 것을 다짐하라는 뜻도 들어 있다.

2. 석문정사

　　석문정사石門精舍는 석문정石門亭이라고도 부른다. 학봉종택에서 그리 멀지 않은 안동시 풍산읍 막곡리에 있다. 석문정사는 청성산 중턱, 굽이쳐 흐르는 낙동강이 내려다보이는 전망 좋은 곳에 동남향으로 자리 잡았다. 세속과 거리를 두었고, 뛰어난 풍광을 지닌 이곳에서 학문을 닦고 후학을 양성하기 위해 1587년에 김성일이 지은 것이다. 석문정사는 정자와 정사의 기능을 함께 갖고 있다. 그래서 '석문정'과 '석문정사'란 현판이 각기 대청 내부와 바깥쪽 도리에 걸려 있다. 석문정사의 당호는 건물 서쪽에 문처럼 벌려 서서 마주 보고 있는 바위 둘이 마치 석문처럼 보이는 데서 비롯되었다 한다. 그 바위에는 석문이라 새겨져 있

석문정사

는데, 그것은 석문정사를 중수하는 데 큰 역할을 한 김성일의 5대손 김성월(1659~1745)의 글씨이다.

석문정사는 건물 자리와 사방으로 거닐 수 있을 정도만큼만 터를 골라 'ㄴ'자형으로 앉았다. 낙동강 쪽으로 시야가 트인 정면 좌우측에 각기 2칸 온돌방과 4칸 대청을 배열하고, 이 온돌방 뒤편에 돌출된 온돌방 1칸을 더 두었다. 기와집으로 홑처마 팔작지붕이다.

1729년에 중수하였는데, 이재李栽는 「석문정사중수기」에서 "천등산 한 자락이 수십 리를 내려와서 낙동강 강가에 이르러 우뚝하니 솟아나 청성산이 되었는데, 정사는 산의 3분의 2쯤 되는 높이에 자리하고 있다. 낙동강 물이 동남쪽에서 흘러와 북쪽을 향해 흐르면서 곧장 이 산 아래에 이르렀다가 또 다시 서쪽으로 꺾어서 산 바깥쪽을 휘돌아 나간다. 정사에서 보면 멀리 강변과 산봉우리가 기이하고도 교묘하며 맑은 못과 긴 여울은 맑고도 깨끗하여, 마치 산은 머리를 틀어 올린 것 같고 물은 거울을 펼쳐 놓은 듯하다. 그 맑은 기운과 뛰어난 전망은 영남지방 전체를 둘러보아도 아마 이만한 곳이 없을 것이다"라고 찬탄하였다.

김성일이 석문정사를 청성산에 짓게 된 데에는 다음과 같은 사연이 전해진다. 1568년 김성일은 청성산에서 같은 이황의 문하인 송암松巖 권호문權好文(1532~1587)과 함께 공부를 하고 있었다. 권호문은 이미 두 해 전에 청성산 기슭에 연어헌鳶魚軒을 짓고 그곳에서 지내고 있었다. 그때 김성일은 권호문에게 "올해 과거에 급제하지 못하면 함께 청성산의 주인이나 되자"라고 하였다. 그 해에 김성일은 급제를 하고 권호문은 그대로 청성산에 은거하였다. 김성일이 1585년 권호문에게 "청성산의 절반을 저에게 주시지 않겠습니까?"라는 편지를 보내자, 권호문은 기꺼이 청성산의 위쪽 반을 잘라서 김성일에게 주었다.

1586년 12월 김성일은 나주목사를 그만두고 귀향하였다. 청성산의 절반을 얻은 김성일은 1587년 연어헌 위쪽 가파른 절벽 위에 학문을 닦고 강학을 할 장소로 석문정사를 세운다. 3월에 석문정사를 짓기 시작했는데, 7월에 권호문은 그만 세상을 떠났고, 8월에 석문정사가 완공되었다. 1년 남짓 지난 다음 해 7월에 나라의 부름을 받고 떠날 때까지 김성일은 그곳에서 학문을 닦고 제자들을 가르치며 보냈다. 1588년 2월, 김성일은 벽오동과 홍도를 석문정사 서쪽 가에 심었다. 오동나무를 심은 것은 봉황이 깃들기를 바라는 뜻이다. 봉황이신 스승이 오시기를 기다리는, 스승을 그리워하는 마음이었다. 김성일은 1590년 3월, 통신부사로 일본에 가다가 집에 들러 사당에 고유하고 성묘하는 참에 3월 19일 석문정사에 올랐다. 마침 제자 황여일이 찾아오자 그는 시를 읊어 마음속 뜻을 드러냈다.

석문에 내가 지은 정사 있는데,	石門我精舍
집 지은 뒤 봄이 몇 번 지나갔던가.	結構經幾春
거기에서 하루도 못 머물러 보고,	未能一日居
문득 창해 나루 찾아가게 되었네.	卻問滄海津
……	
나랏일이 중한 것만 생각하노니,	但念王事重
내가 어찌 잠시나마 머뭇거리랴.	我何小逡巡
내 마땅히 충성과 믿음에 의탁을 하여,	會當仗忠信
한번 가서 양국 우호 이룩하리라.	一成兩國親
세 변경에 딱딱이 소리 끊기고,	三邊絶勺斗

임금 은택 백성에게 흡족게 하리.	聖澤洽吾民
그런 뒤에 고향에 돌아와서는,	然後賦歸來
길이길이 산속 사는 사람 되련다.	永作山中人

 이 시에는 벼슬길에서 벗어나 석문정사에서 수양과 강학을 하며 지내고자 하는 뜻을 이루지 못한 채 나라의 일로 멀리 떠나는 착잡한 심경과, 양국의 우호를 이루어 나라와 백성을 평안하게 한 뒤 돌아와 다시 석문정사에서 학문을 닦고 강학을 하며 보내고자 하는 뜻이 절실하게 드러나 있다. 그의 바람은 결국 이루어지지 못했다. 곧이어 일어난 임진왜란의 전장에서 김성일은 돌아갔기 때문이다. 석문정사는 경상북도 문화재자료 제34호로 지정되었다.

3. 임천서원

　　임천서원臨川書院은 김성일의 위패를 모신 서원으로 학봉종택에서 10여 리가 채 안 되는 안동시 송현동 호암마을에 있다. 1607년 당시 한강 정구가 안동부사로 있었다. 이 지역의 사림들은 김성일의 학문과 덕행, 그리고 공훈을 기려 그를 모실 사당을 짓고자 하였다. 부사 정구가 뜻을 같이하여 임하현 서쪽 옛 서당에 임천향사를 세우고 김성일의 위판을 모셨다. 정구는 이때 김성일 묘에 올리는 제문에서 "'충성과 의리는 뼛속에 박혔고, 올바른 도리는 심장에 가득 찼다'는 옛 선현의 말을 공이 진실로 이어 받았다"라고 하였다. 10여 년이 흐른 후 정구의 의견에 따라 임천향사를 임천서원으로 승격시켰다. 2년 뒤 위판을 여강서원으로 옮겨 이황을 주향으로 하고 김성일과 류성룡을 나란히 배향하였다. 그에 따라 임천서원의 사당인 존현사尊賢祠는 위판 없이 빈 상태로 있었다. 1847년에서 1856년에 걸쳐 석문정사 서쪽 엄곡에 다시 임천서원을 세웠으나 1871년 대원군의 서원철폐령에 따라 전국의 여러 서원과 함께 철폐되었다. 1908년 지역 사림의 공론에 따라 지금의 자리에 서원을 중건하고 이듬해 그의 위패를 사당인 숭정사崇正祠에 봉안하여 춘추로 제향하고 있다.

임천서원은 숭정사, 홍교당, 동재, 서재, 전사청, 주사 등의 건물로 이루어져 있다. 제향 공간인 숭정사는 정면 3칸, 측면 1칸 반이다. 강학 공간인 홍교당은 정면 5칸, 측면 2칸 반이다. 정면 3칸, 측면 2칸 반의 대청을 중심으로 해서 좌우에 통간 온돌방이 있다. 동재와 서재는 각각 정면 3칸, 측면 1칸 반이다. 전사청은 4칸이다. 이 서원의 강당인 홍교당은 경상북도 문화재자료 제16호이다.

임천서원

4. 소계서당

1899년 김흥락이 돌아간 뒤 38년 되는 해인 1936년에 그의 제자들을 중심으로 형성된 사림들이 힘을 모아 선생의 유지를 잇고자 8칸 규모의 소계서당邵溪書堂을 현 종택 터에 창건하였다. 1762년에 옮겨 지은 종택을 1964년, 200여 년 만에 원래 종택이 있었던 현 위치로 다시 옮길 때, 비용을 절약하려고 사랑채는 옮기지 않고 그대로 두어 서당으로 활용하기로 하고 1936년에 지은 소계서당을 종택의 사랑채로 쓰기로 하였다.

소계서당은 현 종택에서 100m 정도 떨어져 있다. 소계서당은 정면 3칸, 측면 2칸의 건물이다. 현재 소계서당에는 이동흠이 쓴 '서산西山'이란 김흥락의 아호 현판과 김성일의 12대손인 김

소계서당

정모金正模(1889~1967)가 지은 기문이 걸려 있다. 아래는 그 기문의 일부를 읽기 쉽게 다듬은 것이다. 맨 마지막 구절의 '도산'과 '임천'은 퇴계 이황과 학봉 김성일을 모신 도산서원과 임천서원을 말하는 것이다. 그러므로 '가학 연원이 이로부터 이어졌다'는 것은 서산 김흥락이 퇴계학맥의 정통을 이었다는 말이다.

서산 선생이 돌아가신 지 38년이 되던 해, 사람들이 선생을 기려 여덟 칸의 집을 지었는데, 그 규모가 사용하기에 매우 적당하였다. 이곳은 옛날 우리 종가 터인데, 중간에 종가를 옮겼지만 선생께서 늘 머무시던 곳이었다. 소복산 한 자락이 남쪽으로 뻗어가다가 이곳에 이르러서 특별히 넉넉하게 멈추었다. 이곳이 선생이 조상을 추모하고 학문을 닦던 곳이라는 뜻으로 '소계서당'이라 명명하였다. 이는 선생께서 살아계실 적에 때로 이 이름을 스스로 쓰셨기 때문에 그대로 따른 것이다.……
우리 선생님은 백세의 종사이다. 다만 세대가 이미 멀어져 크나큰 유풍과 여운이 따라서 침체되었으니, 돌아가신 날 장례 치르고 제사 지내던 그 마음을 불러일으킬 방법이 없다. 그래서 선생의 그림자와 메아리를 미루어 찾고자 거처하시던 곳에다 집과 담장을 지었다. 그곳에서 노닐며 선생이 묻힌 산소를 우러러보면 아련히 강석에 선생을 모시고 말씀을 듣는 것과 같을 것이다.…… 선생의 훌륭한 도학이 평상의 모습에 있었음을 추모하되, 추모에 그칠 것이 아니라 그 도를 배울 것을 생각하며, 또 배우는 데 그칠 것이 아니라 그 도를 따를 것을 생각하여, 미루어 넓혀 간 뒤에야 서당이 빛날 것이다.……
서당의 남쪽 1리도 채 되지 않는 지점에 낙동강이 가로질러 흐른다. 그 흐름은 올라가면 도산陶山에 이르고, 임천臨川에 닿아 있다. 도학의 흐름이 끊임없이 흘러내려오니, 선생의 가학 연원은 진실로 이로부터 이어진 것이다.

김홍락의 제자인 공산恭山 송준필宋浚弼(1869~1943)은 소계서당이 이루어지자 기뻐서 다음 시(「邵溪書堂成喜吟 一絶」)를 지었다.

스승 떠나신 지 이미 오래,	響撤龍門歲已深
비로소 빈터에 집을 지었네.	始看脩屋出空林
지금 세상 도리 이같이 침몰하니,	卽今世道沈如許
영령께선 언제 사람들에게 답해 주시려나.	芬苾何時答衆心

念典古宇

제5장 학봉종가의 오늘과 내일

학봉종택은 요즈음 연세는 70대에 들어섰으나 청년처럼 건강하고 얼굴빛이 발그레한 종손 김종길이 사랑채를 지키고 있고, 종부 이점숙이 안채에서 동반자로서 종손을 뒷바라지하고 있다. 불과 몇 해 전만 해도 전 종손 김시인이 홀로 사랑을 지키고 있었다.

김종길이 학봉의 15대 종손이 된 것은 일 년도 채 안 된 일이다. 2008년에 돌아간 14대 종손 김시인의 3년상을 마치고 길제를 치른 후에야 정식으로 종손이 되었기 때문이다. 그래서 아직도 학봉종가에는 전 종손 김시인의 그림자가 드리워져 있고 그 메아리가 종택 곳곳을 감도는 것 같다. 때문에 이 장의 제목은 「학봉종가의 오늘과 내일」이지만 '어제', 즉 전 종손 김시인과 전 종부 조필남에 대한 종손과 종부의 회상이 많은 내용을 차지한다.

1. 어제, 아직도 짙은 그림자

　전 종손 김시인이 1945년 아들 둘을 데리고 학봉종가에 양자로 왔을 때, 종가에는 숟가락 두 벌도 온전한 게 없었다. 그러니 다른 살림이야 더 말할 나위도 없었을 것이다. 그 전 13대 종손 김용환이 탄탄하다고 소문난 종가 재산을 다 없애 버렸기 때문이다. 그 이유는 앞 장에 적었다. 김시인이 종가로 들어왔을 때는 아직도 김용환이 학봉종가를 거덜 낸 영남의 파락호란 말을 듣고 있던 시절이었다. 김용환은 양자 김시인이 들어온 다음 해, 그토록 비난 받은 자신의 모든 행위가 독립운동을 위한 어쩔 수 없는 위장이었다는 것을 양자로서 종손의 무거운 짐을 떠안아 지고 가야 할 아들 김시인에게조차 알리지 않고 세상을 떠났다. 그러니 김시인이 처신하기가 얼마나 난감하고 어려웠을지는 충분히 짐작할 수 있는 일이다.

양자는 가까운 촌수부터 하는 것이 인정으로 보나 관례로 보나 알맞은 일이다. 아무리 종가 재산이 거덜 났다 해도 학봉의 종손이 되는 일이어서 가까운 촌수의 후보자가 한 삼십 명도 넘었다고 한다. 어쨌든 파를 건너서, 즉 학봉의 부친 청계 김진의 맏아들 파인 큰파(청계의 다섯 아들은 모두 각각의 파를 이루는데, 보통 맏아들 약봉 김극일 파를 큰파라 부른다)에서 양자를 들였다는 것은 당시 학봉 문중에서 김시인을 쑥대밭이 되어 버린 자신들의 종가를 추스르고 지켜 나갈 가장 마땅한 인물로 보았다는 것을 의미한다. 김시인이 학봉 14대 종손이니 28촌이나 되는 먼 촌수에서 양자를 들인 것이다. 촌수가 멀수록 양자 들이기가 쉽지 않아 '칠촌 양자 빌 듯하다'는 말도 있는 터이니 그 양자 들이는 일이 얼마나 어려웠겠는가?

더구나 김시인은 당시 이미 결혼하여 현 종손 김종길과 그 아우 김종필 두 아들을 두고 있었다. 그래서 둥주리(둥우리) 채 옮겨 왔다고 둥주리 양자라고 한다. 종손 김종길은, 지금은 임하댐이 생기면서 수몰되었지만, 자신이 태어나 다섯 살 즈음까지 자란 임동면 지례의 내급마을을 기억한다. "저는 그 동네가 어렴풋이 기억나는데, 대한민국에 그런 동네는 없었어요. 참 아까운 동네라. 산에는 산돼지가 나고 송이가 나고, 앞 물에는 그래 경치가 좋고 물고기가 그래 흔하고, 또 과일이 뭐 온갖 지천이고, 경치가 그래 아름다웠어요. 내급 생가가 이래 있으면 앞에 낙동강이 흘러요."

학봉 문중의 어른들은 내급 김시인의 생가를 찾아가 그를 양자로 달라고 떼를 썼다. 생가의 입장에서야 당연히 내줄 리가 없었다. 누군들 자식을 제사만 많고 살림은 거덜이 나 아무 것도 없는, 그것도 학봉종가의 종손이라고 하는 무겁디무거운 짐을 져야 하는 집으로 양자 보내려 하겠는가? 더구나 촌수조차 멀고 먼 처지가 아닌가. 학봉 문중 어른들의 양자 청원은 눈물겨운 것이었다. 6개월을 넘겨 7개월 가까이 양자를 달라고 조르고 빌며 석고대죄 하듯 하였다. 문중 어른들은 강 건너에 집을 얻어 놓고, 여럿이 조를 짜고 순번을 정해, 아침이 되면 강을 건너가 생가 마당에 멍석을 깔아 놓고 앉아 하루 종일 조르고 또 졸랐다. 조르다 대답이 없으면 그냥 앉아 있었다. 해가 지면 돌아오고, 그 이튿날 동이 트면 다시 가고. 그 사이에 겨울이 끼어 있었다. 문중 어른들은 일부러 맨발로 얼음판을 딛고 내를 건넜다. 고통으로써 그들의 절실함과 정성을 보인 것이다. 그러한 7개월여의 눈물겨운 노력 끝에 그들은 마침내 양자로 주겠다는 허락을 받았다. 그 과정을 잘 알고 양자가 된 김시인은 더더욱 조심스러웠을 것이다. 김종길 종손의 회상에 의하면, 전 종손인 아버지 김시인은 평생 술을 입에 대지 않고 화투를 손에 잡지 않았다.

그건 아마 조부 때문에 그러셨을 거에요. 하실 줄은 알았어요. 그런데도 평생 술, 화투를 멀리하셨어요. 심지어 테레비 같은 거도 이래 우리가 보면 끄라 그러셨어요. 어머님이 십몇 년 일찍 돌아가셔서 노년에 혼자 지내셨는데, 테레비 연속극이라도 보시면 덜 적적하셨을 터인데, 테레비를 안 보세요. 오로지 그냥 그렇게 근신을 하면서 문중 일만 하셨어요. 그러니 문중 사람들이 마 꼼짝을 못하는 거야. 말을 붙일 수도 없고.

김시인 전 종손은 눈에 광채가 유난할 뿐 말수는 적은 사람이었다. 그러나 그는 숟가락 두 벌도 제대로 남아 있지 않은 종가를 추슬러 일으켜 세웠다. 얼마나 어려움이 많았겠는가는 누구라도 짐작할 수 있는 일이지만, 그는 그 어려움을 마음속에 담아 두고 밖으로 내보이지 않았다. 말은 아끼고 행동으로 드러내었던 것이다. 종가를 이을 김종길을 비롯한 자식들을 훌륭히 키웠고, 종가의 선조들을 드높이기 위한 사업도 많이 하였다. 『학봉선생문집』을 국역하여 낸 일, 종가를 지금의 자리로 옮긴 일, 임천서원을 중수한 일, 진주 촉석루에 삼장사 시비를 세운 일 등 이루 헤아릴 수가 없다.

김종길 종손이 기억하는 아버지는 무서운 분이었다. 자식들한테도 엄하였다. 종손은 또래끼리 재미 삼아 콩내기 화투를 치다가 불려 와 꾸지람 받던 일, 겨울에 논에 나가 얼음지치기를 하다가 늦어 꾸중 듣던 일을 기억했다. 하긴 그 시절의 아버지는 모두 무서웠다. 다정하고 자상한 아버지는 종손보다 나이가 10여 년 아래인 필자나 필자의 동무들 어린 시절 기억 어느 언저리에도 없다.

김시인 전 종손은 겉으론 말이 없어 자칫 무서워 보였어도 속내는 깊고 대범한 어른이었다. 전 종손을 20여 년간 모시고 종가 일을 도운 김용수는 그 어른이 문중 일이나 종가 일을 처리할 때는 객관적이고 아주 단호하시지만 속내가 깊은 어른이라 하면서 다음과 같은 일화를 들려주었다.

> 종가에 보물로 지정된 『호당삭제』 세 권이 있어요. 학봉 선생이 호당에 뽑혀 사가독서를 하실 적에 손수 쓰신 글들을 첩으로 만든 것으로 금고에 보관되어 있었는데, 그 세 권 중 한 권이 없어졌어요. 금고문을 열 수 있는 사람은 전 종손하고 나밖에 없는데 없어진 것이지요. 전 종손이 "그래 어예 됐노." "종손(김종길)이 가져간 것 같은데요." "전화해 봐라." 전화해 보니 보냈다는 거예요. 내가 꼼짝없이 덮어쓸 판인데, 그 어른은 추궁의 말씀 한마디 안 하시고 그 뒤로도 다시 그에 대한 말씀이 없으셨어요. 그게 한 석 달을 갔어요. 그런 뒤에 종손한테 전화가 왔는데 책보에 쌓여 있대. 아, 그때 수십 년 묵은 체증이 내려가는 것 같더라고. 내가 보고를 하니까 이 어른이 고

마 암말도 안 하시더라고. 그게 얼마나 대범한 겁니까. 참 존경스러운 분이셨습니다.

남편이 양자로 갑작스레 종손이 되자 자연히 따라서 종부가 된 조필남은 남편 김시인과 동갑인데다가 생일도 같은 하늘이 맺어 준 연분이었다.
조필남 종부는 종손을 안에서 충실히 뒷바라지하고 도우며 종가를 다시 일으켜 세우는 데 종손 이상으로 공이 많았다. 현 종손 김종길의 말이다.

어머님은 아주 별난 분이었습니다. 주실조씨이신데 보통 분이 아니셨어요. 열여섯 살에 시집오셔서 스물네 살에 나를 낳으셨는데, 그동안에 애 못 낳는다고 고초가 많으셨다고 해요. 어쨌든 학봉종가의 종부가 되어 오시니 앞에 말했듯 숟가락이 두 벌이 없었다 그래요. 종가의 오늘이 있도록 한 것은 어머님이에요. 안에서 집안 살림을 일구셨어요. 문중 어른들 설득도 하고요. 우선 바느질 솜씨가 능하셨어요. 동네 도포를 다 마름질하시고. 그 다음에 그때만 해도 결혼을 하면 사돈지가 오가지요. 그걸 온 동네 걸 맡아 쓰세요. 글 내용도 훌륭하시고 그만큼 글씨도 잘 쓰시고요. 음식 솜씨도 좋으셨는가 봐요.……
문중 어른들이 오면 그냥 빈손으로 안 보내셨어요. 뭐 호박 한

덩이 고추 몇 개라도 싸 보내고 그러셨어요. 지금 생각을 해 보면 그래서 문중 어른들이 고마 꼼짝을 못하신 것 같아요.

조필남 종부는 종가에서 가장 중요하게 여기는 제사를 받드는 일과 손님을 맞는 일 모두를 빈틈없이 갈무리했다. 종부는 1

전 종손 내외

년에 10여 차례에 이르는 제사는 물론 집안의 자잘한 일에 이르기까지 조금의 어긋남도 없이 처리했으며, 손님맞이도 작은 소홀함 없이 치러 내었다. 문중 사람들은 물론이려니와 심지어 지나는 길손일지라도, 종가를 찾는 사람들을 그냥 빈손으로 돌려보내는 법이 없었다. 그런데다가 슬기롭고 판단이 정확하여 문중에서도 매우 깊은 신망을 받았다. 문회에서 문중의 대소사를 결정할 때도 이야기가 잘 풀려 나가지 않으면 그 소식을 전해 들은 종부가 몇몇에게 합리적인 의견을 전하여 그대로 결정되는 수가 많았다고 한다.

김종길 종손의 어머니에 대한 회상이 아니더라도, 조필남 전종부에 대한 학봉 문중 사람들, 내앞 의성김씨들, 알 만한 안동 사람들, 그 국량과 행실을 전해 들은 바깥 지역 사람들까지도 그 인품에 대한 평가는 넉넉하기 그지없다. 그 국량과 행실의 바탕이 무엇이었는가를 헤아려 볼 수 있는 다음과 같은 이야기가 전한다.

1960년대 초반 보릿고개 무렵의 일이다. 밭에서 감자를 캐는데, "절반은 남겨 두라"고 아들들에게 당부하였다. 아들들이 "어머니, 아직도 이렇게 감자가 많이 남아 있는데 다 캐야지, 왜 남기고 가요" 하고 물으면 "저기 둘러서 있는 아이들도 캐야 할 것 아니냐" 하고 나무랐다. 가난한 집 배고픈 아이들이 종가의 감자밭 주변에 빙 둘러서서 보고 있었던 것이다. 조필남은 추수 끝난 논에서도 절대로 이삭을 줍지 못하도록 당부하였다. 이삭은 동네 사람들 몫으로 생각하였던 것이다.

안동의 의성김씨들에게 주실할매라 불리는 김종길 종손의 어머니 조필남 전 종부는 영양의 연꽃으로 유명한 삼지리에 있는 사들 하담고택에서 열여섯 살에 동갑내기 신랑 김시인에게 시집을 왔다. 종가는 아니었어도 큰집에서 본데 있게 자랐다. 아무리 본데 있는 집안에서 자랐어도 타고난 품성이 남다르지 않고 국량이 그만하지 않으면 할 수 없는 생각이고 일이다. 그 넉넉한 베풂의 마음은 조필남 종부가 1993년 세상을 떠났을 때, 수천 명의 정성스러운 조문과 종가에 조화를 보내느라 멀리 대구 꽃집들의 국화꽃이 동이 날 정도로 크나큰 추모의 마음이 되어 종가로 되돌아왔다.

조필남 종부는 참으로 검소한 사람이었다. 맏아들 김종길이 대기업체 최고 경영자가 되고 작은 아들들이 다 성공을 했는데도 평생 비행기를 못 타 보고 돌아갔다. 비행기를 못 타 보았다는 것은 제주도도 한 번 못 갔다는 말이다. 그 이유를 김종길 종손은 문중 어른들에게 행여 말 들을까 그랬다고 보았다. 그래서 아들이 서울에 집을 사 가지고 이사했어도 다른 사람들 같으면 당연히 부모가 올라왔을 터인데 문중 어른들 보기에 그렇다고 안 올라왔다고 한다.

현 종부 이점숙이 기억하는 시부모님은 참으로 훌륭하신 분이었다. 몽땅 거덜 난 집에 양자로 들어와 다시 집안을 일으키는 것이 어디 말처럼 쉬운 일인가.

> 사랑어른은 사랑어른대로 자애가 깊으시고, 또 우리 시어머니는 문중이나 동네 사람들한테도 잘하셨지만 깊은 자정慈情으로 헌신적으로 자식 교육을 했습니다. 바느질 솜씨, 음식 솜씨, 글솜씨 모두 유별나셨어요. 시어머니는 한양조씨로 영양 사들에서 오셨는데 제가 시어머니께 받은 편지가 100여 통도 넘어요.…… 저는 시어머니를 못 따라가요. 이 어른이 특히 자녀가 육남매라도 "맏이는 책임감이 중하다" 이래서 맏이에게만은 참 아주 정신을 많이 쏟고, 집중적으로 맏이한테 신경을 써 주고. 그건 앞으로도 저도 그래야 될 것 같아요. 맏이는 책임이 중하잖아요.

조필남 전 종부는 깊은 자정으로 맏아들 김종길을 비롯한 아들들을 길렀다. 딸에 대한 사랑도 대단해서, 딸은 집에서 가르쳐 시집보내는 것이지 학교에 보낸다는 것은 상상도 못할 그 시절에 어렵사리 딸들을 학교에 보냈다. 물론 김시인 종손이 암묵적으로 동의했었을 것임을 헤아리기는 어렵지 않다. 조필남 종부는 딸들이 고등학교를 다닐 때, 교복 입은 모습을 문중 어른들이 볼까 봐 큰길이 아닌 샛길로 돌아서 가도록 하였다고 한다. 그리고 딸들이 혼인한 뒤에는 며느리에게 그랬던 것처럼 편지를 보내 그 사랑을 전하고는 했다. 그 깊은 사랑을 전해 받은 딸 종숙은 엄마 조씨 영전에 다음과 같은 제문을 올렸다.

> 구구절절 쌓인 회포 서신으로 대신하니 다정다감 특출자애 어느 누가 따라가랴. 세세춘추 철을 따라 문안하고 떠나갈 제 자식을 보내시며 안 보여도 떠나실 줄 모르시고 그 자리에 홀로 서서 눈물 많이 흘리셨네.

김종길 현 종손은 다섯 살 때 무슨 영문인지도 모른 채 금계의 종가로 들어왔다. 사범학교까지 안동에서 다녔고 대학교는 서울로 갔다. 서울에 있을 때에도 주말이나 휴가 때는 거의 내려와야만 했다. 젊은 시절부터 남들과는 다른 삶을 산 것이다.

종가에는 매일 사랑방에 한 대여섯 사람이 와서 자곤 하였다. 찾아오는 사람들 가운데는 종손의 고조부 서산 김흥락 제자의 후예들이 많았다. 한 해 농사가 끝나면 못사리, 빚사루, 뭐든 들고 찾아와 한 사나흘씩 묵고 갔다. 그게 예를 다하는 것이라고. 또 풍수를 하는 지관도 자주 왔다. 종손은 그들 틈에 끼어 풍수 이야기라든가 선비가 과거 보러 서울 올라가다가 구렁이를 만나서 어쨌고 하는 등의 이야기를 들으며 자랐다. 종손은 그것이 자신의 정서나 인격 형성에 상당한 도움을 주었다고 생각한다.

종손은, 어려서는 집안 어른들께 천자문을 배우고, 대학교 들어가서는 방학 때 동네에 계시던 한학자 분에게 『사서』와 『고문진보』를 배웠다. 그래서 동료들보다는 한문을 많이 안다. 사회생활 중에도 취미 삼아 한시를 외우곤 하였다. 종손은 지금도 옛날 한시 삼사백여 수를 암송한다. 요즘에도 아침에 한 시간 반 정도 산책하는 도중에 한시를 암송하곤 한다.

종부와의 혼인은 전형적인 집안끼리의 결혼이다. 종손이 부산에서 막 직장생활을 시작했을 때, 전보를 받고 올라와 관례하고 퇴계종가의 셋째 딸 이점숙과 결혼하였다. 맞선도 못 봤고, 실물은 물론 사진도 못 봤고, 이름도 몰랐다. 다만 퇴계종가에 훌륭한 처녀가 있다는 말을 들었을 뿐이다. 초례청에 가서 비로소 보았다. 문중 어른들이 "그런 큰집에서 자랐으니 뭐 보통 사람이겠느냐" 해서 미리 정한 혼인이지만 김종길은 크게 만족했다. 반면 이점숙은 종부의 생활이 어떤 것인지, 얼마나 고생스러운지를 퇴계종가의 종부인 어머니를 보고 자라서 잘 알고 있었으므로 진성 이씨하고 의성김씨는 길반이 아니라는 이유를 들어 그 집으로 시집가지 않는다고 버텼다. 그랬더니 조부가 "퇴계 학통을 이어받은 게 학봉이니 그 집에 종부로 가는 게 얼마나 영광이냐, 이미 소문이 다 났으니 네가 시집 안 가면 내가 밥 안 먹는다"고 하며 나흘인가 단식을 했다. 조부를 돌아가시게 할 수 없어 마침내 이점숙은 학봉종가로 시집가기로 마음을 정했다. 결혼식 날 처음 본 신랑은 조금 남자답고 늠름했다. 김종길은 결혼생활은 신뢰와 공경으로 이루어진다는 생각으로, 이점숙은 가족의 화목과 건강이 중요하다는 생각으로 사십몇 년을 같이 살았다.

김종길 종손 내외

김종길은 차종손으로서 종손 어른이 계신 덕에 사십 년 직장 생활을 무난히 보냈다. 종손 될 사람이라서 연애도 못하고 마음 껏 놀러 다니지도 못했지만 어른이 계신 덕에 중압감을 크게 느끼지는 못했다. 어른이 돌아가시고 하나하나 모든 걸 스스로 판단하고 결정해야 하니 힘이 든다고 한다. 아마 그때마다 아버지가 얼마나 힘드셨을까 하고 생각하리라.

　　종부는 객지에서 살기도 했지만 시어머니 조필남의 너그러운 품에서 힘든 줄을 몰랐다. 시어머니가 생신 때나 제사 때나 며느리 오기 전에 일을 다 마치고 며느리가 오면 같이 앉아 이야기나 하고 그렇게 해서, 주위 사람들에게 너무 민망할 정도로 며느리를 감쌌기 때문에 힘든 것을 몰랐다. 1993년 시어머니가 돌아가시고 비로소 힘든 일이 시작되었다. 종가에는 사랑어른만 계시고, 남편은 직장에 나가느라 서울에 있고, 애들은 학교를 다니는데, 초하루 보름 삭망에, 제사에 오르내리느라 거의 시간을 여기서 보냈다. 막내딸이 고3 때였다. 그로부터 십몇 년이 지난 후 시어른이 돌아가시자 새삼스러운 무게로 종부의 삶이 시작되었다.

2. 오늘, 종손의 생각

'자식은 부모의 그림자를 밟고 자란다'고 한다. 자식은 부모가 하는 말과 행동을 그대로 보고 자란다는 말이다. 부모의 말마디, 마음 씀, 손짓 하나하나, 몸짓 하나하나가 바로 교육이다. 김종길 종손의 오늘은 아버지 김시인, 어머니 조필남의 그림자이다. 그는 "어머님 아버님이 이때까지 우리 앞에서 실천하신 것이 바로 가르침이다. 그 가르침은 '조상에게 욕되지 않게 처신을 잘해야 된다. 문중 어른들을 잘 보셔야 된다'는 것이다. 말씀으로는, 첫째는 '검소해라, 부지런해라, 정직해라'라는 것, 다음으로는 '남한테 지라'는 것을 늘 강조하셨다"라고 하였다.

김종길 종손은 종가나 종손의 책무 중 가장 기본적이고 중요한 것을 봉제사 접빈객으로 본다. 그리고 그것이야말로 선대서부터 쌓아 온 그 정신, 유업을 가장 잘 계승하고 실천하는 방법이라고 여긴다. 원래 양반 집안에서는 가장 중요한 일로 봉제사 접빈객을 꼽는다. 특히 종가처럼 제사가 많고, 손님도 많은 집에서는 그 의미가 남다를 법도 하다. 그런데 봉제사도 접빈객도 힘껏 정성을 들이고 즐거운 마음으로 하는 것이 가장 중요하다. 물질적으로 풍성하게 하는 것보다는 마음을 넉넉하게 하는 것이 더 중요한 법이다.

김종길 종손의 종가에 대한 긍지와 문중에 대한 자부심은 튼실하다. "우리 종가는 우선 조상의 선비정신이 아주 잘 이어지고 있고, 또 자손들이 그걸 잘 본받아 이행하려고 한다. 그래서 문중이 화합하고, 자손들이 종가를 위하고, 조상 제사를 즐거운 마음으로 잘 지낸다. 문중에 일이 있을 때 구름같이 모인다. 누가 가르쳐 주지 않아도 정신이 반듯하고 교육이 잘되어 있다. 그래서 양반이다."

예전에는 종손의 역할과 책임이 막중한 만큼 문중에서 종손을 극진하게 대하였다. 학봉학맥의 후손들도 학봉 종손이라면 남달리 대우하였다. 그러니 종손 또한 어깨에 지워진 짐은 만만치 않아도 긍지와 보람으로 종손의 일을 기꺼워하였다. 가끔 비슷한 얘기를 다른 곳에서 들은 바 있지만, 학봉종가 주변에서도 예전에 "학봉 종손 할래? 경상감사 할래?" 하면 "학봉 종손 한다"고 그랬다는 말이 전해 온다.

　하지만 요즈음의 현실은 그리 녹록하지 않다. 김종길 종손은 "요즘 젊은 사람들은 부모에 대한 효성의 마음조차 적으니 종가나 문중을 향한 마음은 전혀 기대할 것이 못 된다. 굳이 좋게 해석을 하면 삶에 휘둘려 정신을 쓸 겨를이 없고, 좀 안 좋게 해석을 하면 옛날 어른들하고 기본 생각이 다르다. 나이 든 어른들은 문중 일에 관심도 많고 동참하려 하지만 힘이 없고, 힘 있는 젊은 사람들은 관심도 적고 동참하려고도 하지 않는다"고 한다. 그래서 종손은 좀 섭섭하고 외롭다. 내 세대는 억지로라도 꾸려 나가지만, 내 다음 세대의 자손들이 저런 사고방식을 가지고 있을 때 내 아들이 종손으로서 소임을 올바로 할 수 있을까 걱정을 하는 것이다.

　실제로 현재 불천위 제사의 경우도 짧은 시간 내에 몇백 명의 사람들을 대접해야 하는데 지금은 그나마 동네 문중에서 거들어 주고 있지만 대부분 칠십대이고, 육십대 중반 아래로는 거들어 주는 이가 거의 없다고 한다. 그러니 앞으로의 걱정을 안 하려야 안 할 수 없는 것이다. 지난번 길제吉祭 때 1,000명의 참여를 예상했는데 1,300명이 왔냐고 한다. 힘겹게나마 겨우 치러 냈다고는 하지만 큰일이 있을 때 일할 사람이 점점 적어질 수밖에 없는 그 사정이 딱하기만 하다. 김종길 종손은 대기업의 경영자를 지낸 만큼 아는 사람도 많고 활동의 폭도 넓다. 제사야 달라질 것

길제

이 없겠지만 찾아오는 손님은 훨씬 다양해지고 많아졌다. 그만큼 종가의 일이 늘어난 것이다.

　김시인 전 종손이 피폐해진 종가를 다시 추스르고 일구어 든든하게 반석에 올려놓는데 평생을 바쳤다면, 김종길 종손은 그 바탕 위에서 종가의 사회적 책무에도 마음을 많이 기울이고 있다. 이는 선조가 남기신 가르침을 실천하는 길이기도 하다. 조선조에 살았던 선조들이 임금과 나라에 충성했다는 것은 요즘으로 보면 사회에 헌신하고 사회적 책무를 다하는 일이라고 볼 수 있기 때문이다. 사회적 책무를 위하여 김종길 종손은 선현들이 물려준 정신과 문화를 계승하고 이를 후세에 전하여 바람직한 도덕 사회가 이루어지기를 바라는 목적을 가지고 조직된 박약회 활동에 아주 열심이다. 박약회는 전국에 25개 지회, 중국 청도에 1개의 지회를 둔 회원 4,000명의 거대한 조직이다. 박약회에서는 자녀 인성교육과 선현들의 유적을 찾아가는 해외 역사문화 탐방에 주력하고 있는데, 그는 실무를 주관하는 총괄부회장이다. 또한 퇴계학연구원과 국제퇴계학회 이사를 맡고 있고, 퇴계학연구원을 지원하는 단체인 퇴계학진흥협의회의 수석부회장을 맡아 실무를 총괄한다. 퇴계 선생의 문도·후학·후손들의 모임인 도운회의 수석부회장을 맡아 퇴계 선생의 뜻을 이어 가고 기리는 일에 앞장서고 있다. 나아가 도산서원 부설 선비문화수련원의 원장으로서 선비정신, 선비문화의 교육에 진력하고 있다.

3. 내일, 으뜸 종가의 바람

　　김종길 종손은 선조가 지녔던 선비정신이 우리나라 정신문화의 기반이 되기를 바란다. 특히 종가와 종손이 앞장서서 그 역할을 담당해야 한다고 생각한다. 그렇지만 이미 삶의 형식이 바뀌어 버린 현실에서 어떻게 종가의 위상을 자리매김하고 종손의 역할을 해 나갈까에 대해 깊은 고민을 하고 있다. 그 결과에 따라 종가의 내일이 정해지기 때문일 것이다. 그는 특히 제사문제에 많은 관심을 가지고 있다. 종가의 주요 역할인 봉제사 접빈객의 경우, 접빈객은 손님이 집에 안 오면 그만이지만, 제사를 지내기 싫어서 심지어는 이민을 간다, 교회를 간다는 말이 있을 정도로 봉제사에 대해 거부감을 느끼는 사람도 있는 현실이 답답한 것이다. 그래서 김종길 종손은 제사를 좀 간소화해서 자손들이 정말로 정성스럽고 즐겁게 제사를 준비하고 지낼 수 있도록 해야 한다고 여긴다. 그는 다음과 같은 이야기를 들려주었다.

> 우리 불천위 고위 제사에는 마(산약)를 씁니다. 요즘은 그걸 재배를 하기 때문에 어디라도 쉽게 구할 수 있지마는 한 이십 년, 삼십 년 전만 해도 제사 한 이틀 전부터 두 사람은 괭이 들고 마를 캐러 온 산을 찾아다녔습니다. 세월은 수백 년이 흘렀는데, 제사 예법이라든가 음식은 하나도 안 변한 것이지요. 그것은 잘못입니다. 세상이 이미 변했으면 현실에 맞게 재정립을 해서 후손들이 시간적으로나 경제적으로나 즐겁게 제사에 참여하도록 했었던들, 제사 안 지내기 위해 이민을 간다, 제사하면 하마 사흘 전부터 머리를 싸맨다는 그런 일은 없었을 것입니다. 결국 현실생활에 맞게 재정립을 해야 됩니다.

제사 상차림 준비를 하는 주부나 지내는 사람이나 즐거운 마음으로 정성을 담아야 되는데 정성을 담을 여유가 없으면 그것은 제사의 본래 뜻에도 어긋날 뿐더러 잘못된 일이라는 것이 송손의 생각이다. 그는 기제사의 경우 4대 봉사를 다 해야 하는가를 다시 생각해야 하고, 혹은 4대 봉사를 하더라도 고위와 비위를 합해서 모셔야 한다고 본다. 그래서 종손은 문중 어른들과 상의하려고 한다. 지금 종부까지는 어찌 보면 뼛속 깊이 새겨지고 몸에 배인 일이므로 할 수 있을지 몰라도 다음 대부터는 어려울 것이라는 것이 종손과 종부의 판단인 듯하다. 거기에는 제사는 정말로 즐거운 마음으로 정성을 다해 모셔야 하는 것인데, 제사가 줄면 아무래도 더 정성스러워지지 않겠냐는 생각이 자리하고 있다.

　필자는 마음속으로 종손의 생각에 전적으로 동의하였다. 모든 예란 인정이 그 바탕이며, 정성이 형식에 담겨야 하는 일이다. 예전에는 자랄 때 고조부를 뵈올 일이 있었겠지만 지금은 증조부를 뵙는 일도 거의 불가능하다. 뵙지 않은 고조부 제사와 뵌 조부 제사를 지내는 마음이 같을 수 없는 것은 인정의 당연함이다. 형식이라는 정해진 틀이 인정의 당연함을 앞설 수는 없다. 그리고 제사는 자손들이 모여 조상을 추모하며 화목을 도모하는 장이다. 가능한 많은 자손이 모여 아버지한테서 할아버지 생전의 행적을 전해 듣고, 그 할아버지의 같은 자손임을 다짐하는 시간이 되어야 한다.

　종가의 가장 큰제사인 불천위 제사도 다시 생각해 볼 일이라고 한다. 불천위 제사는 특성상 제관도 많고 외부 참사자도 적지 않다. 학봉종가의 고위 때는 적어도 제관이 백 명 이상이다. 그래서 준비를 하는 사람들도, 제사에 참여하고 다음 날 직장에 출근하는 사람들도 모두 힘들다. 그러므로 새벽 1시에 지내는 제사를 저녁 8시나 9시에 지내는 형식으로 바꿀 필요가 있다고 한다. 그

것이 제사 준비를 하는 안사람들을 위해서도 다음 날 직장에 출근하는 사람들을 위해서도 바람직한 일이다. 어떤 사람은 날을 받아서 일요일 낮에 지내자고 한다. 불천위 제사는 '선조께서 남기신 훌륭한 덕의 혜택을 받아 자손들이 이렇게 잘 살고 있습니다. 참 고맙습니다' 라는 마음으로 조상을 추모하고 기리는 일이므로 일종의 축제이고, 따라서 축제의 형식이 되어도 좋다는 생각이리라. 일리가 있는 생각들이다.

필자는 많은 후손이 일요일 낮에 열리는 불천위 제사에 참여하는 모습을 상상해 본다. 할아버지가 손자의 손을 잡고, 아버지가 아들을 가슴에 안고 와서 제사에 참여하고, 위대한 조상 이야기를 손자에게, 아들에게 해 주는 모습을. 종손은 이 부분도 문중 어른들께 한번 여쭈어 볼 예정이란다.

그 부분에 대하여는 종부도 같은 생각이다. 종부는 다음 세대에 종가가 유지되고 발전하기 위해서는 제례가 좀 간소해져야 한다고 생각한다. 여성도 남성과 다름없이 사회생활을 하는 세월의 흐름과 시대의 변화는 거스를 수 없는 것임을 절실히 느꼈기 때문이리라. 그래서 제사는 초저녁으로 지냈으면 한다.

김종길 종손은 제례뿐 아니라 모든 전통의례의 바람직한 전승에 대하여도 생각이 많은 편이다. 그는 7~8년 전에 박약회 실무를 총괄하는 부회장으로서 전통적 의례가 무너지고 또 뒤죽박죽된 것이 안타까워 권장 표준안을 만들려고 한 일이 있다. 기제사는 조부까지, 탈상은 100일 탈상이 설문조사를 거친 연구의 결과였는데, 당시 너무 개혁적이라는 주장이 만만치 않아 만들지 못했다. 그런데 불과 10년 미만에 이미 전통의례는 다 무너졌다. "4대 봉사는커녕 조부 기제사도 갖추어 지내는 집이 거의 없고, 조부모를 함께 한 번에 지낸다. 어떤 경우는 4대 기제사를 따로 날을 정하거나 제일 윗대 어른 돌아가신 날에 한 번에 다 지낸다. 상례의 경우 백일 탈상도 요즘은 드문 형편이다. 장지에서 반혼返魂하지 않고 끝내 버리거나 삼우제 지내고 마치는 것이 대부분이다. 산소에 가서 지내는 묘사 또한 거의 사라지고 있는 것이 현실이므로, 자손들의 정성을 모으고 자손들이 기꺼운 마음으로 제사를 올리기 위해서는 의례 형식을 현실에 맞게 재정립해야 한다"는 것이 종손이 고뇌한 결과이다.

종가는 봉제사 접빈객의 장소만이 아니라 문중의 중심이고 구심점이다. 안동 및 주변 지역의 경우 유력한 종가들은 지역의 구심점이기도 하였다. 특히 지역에 학맥의 뿌리를 널리 펼친 학봉종가는 당연히 지역의 구심점 노릇을 하였다. 옛날에는 서로 사정을 잘 아는 종가끼리 혼인을 많이 하였다. 그냥 종가끼리 인연만 쌓은 게 아니었다. 나라의 어려움이 있을 때, 의병활동이나 독립운동을 할 때, 제일 먼저 종가에서 모의가 되고 종손이 앞장을 섰다. 한 종가에서 그렇게 하고 다른 종가에 도움을 바라면 대부분 사돈 사이이므로 거절하기는 어려웠다고 한다. 한말 일제강점기 초기에 신식학문을 배운 지역 학교도 항상 종가를 중심으로 설립되었다. 이것이 안동 종가들의 전통이라고 한다.

　김종길 종손은 이런 전통을 계승하여 종가가 유교문화를 포함한 전통문화를 제일 먼저 실천해야 하며, 단순히 실천할 뿐만 아니라 다음 세대에 전수해 주어야 한다고 본다. 이 모든 책임이 종가에 있다는 것이다. 그러기 위해서는 앞장서서 종가를 전통문화를 계속 실천하는 실천도장으로 삼고, 다른 사람들이 체험하고 실습할 수 있도록 개방도 해야 하며, 또한 장소 제공뿐 아니라 전통문화와 관련된 아이템을 개발하고, 옛날에 있었던 조상들의 여러 가지 아름다운 이야기들을 스토리로 개발하는 그 밑바탕의 역할을 해야 한다고 여긴다. 큰 회사의 최고 경영자를 지낸 사람다운 발상이다.

　김종길 종손은 전통문화의 핵심은 선비정신이라 생각한다. 우리 사회가 그 정신을 이어받아 성숙시키면 세계적 강국이 된다는 믿음을 지니고 있다. 그는 세계적으로 이름 있는 골드만삭스라는 금융 컨설팅 회사가 2007년도에 낸 보고서에 30년 뒤인 2040년이 되면 한국이 국민소득 세계 제2위 강국이 되는데, 다만 한국이 지금보다는 도덕적으로 더욱 성숙한 나라가 되는 것이 전제되어야 한다는 내용이 있다고 소개하였다. 그러면서 미국의 개척정신, 영국의 신사도 정신, 일본의 무사정신처럼 젊은 사람들이 이 나라가 면면히 이어 온 기본 정신인 선비정신으로 도덕적 성숙의 바탕을 삼아야 한다고 하였다. 옛날 우리 어른들이 실천했던 사례들을 읽으면서 우리나라가 지금까지 있게 된 그 이유를 한번 되돌아 살펴보아야 한다는 것이다.

김종길 종손은 학봉종가가 우선 자손들로부터 칭송을 받는 그런 종가가 되기를 바란다. 이는 종손으로서의 소임을 다하고자 하는 스스로의 다짐이기도 하다. 그는 자신의 조상들이 이룬 업적이 있는 그대로 세간에 칭송되고 또한 전해져 가기를 바란다. 자손의 입장으로 말하면 전국의 종가 중에 으뜸가는 종가가 되었으면 한다. 나아가 학봉종가가 선비정신과 전통문화를 실천하는 공간, 체험도장으로서의 역할을 함으로써 사회에 기여하고, 세상에 도움이 되고 싶다고 하였다. 특히 젊은 청소년들이 무언가 감화를 받고 교화되어 지금보다는 반듯한 도덕과 윤리가 살아 숨 쉬는 그런 도덕사회가 되는 데 기여했으면 한다.

지금 차종손 김형호는 성균관대학교 대학원에서 한문학 석사 학위를 받고 한국고전번역원 연수원에서 한문 공부에 전념하고 있다. 종손은 종가의 전통과 관련이 있는 학문을 하는 차종손 형호가 내심 대견한 모양이다. 형호는 안동대학교에서 한문학과 동양철학을 공부하였다. 종손은 형호가 그 4년 동안 김시인 전 종손을 모시며 기본은 닦았으리라고 본다. 앞으로 차종손 형호도 직장생활을 하겠지만 틈틈이 종손으로서 지녀야 할 마음가짐, 행동의 지침을 가르칠 작정이다. 특히 학봉 선생 이래로 내려오는 집안의 가풍, 효제충신의 정신을 가르칠 예정이다.

차종손 형호는 아직 미혼이다. 어떤 사람이 차종손과 혼인하여 차종부가 될지는 알 수 없다. 이점숙 종부는 종부의 마음가짐은 인내가 제일 미덕이라고 하였다. 종부는 자신이 인내하면서 살아온 끝에 얻어진 결론은 '산이 높으면 계곡도 깊고 계곡이 깊으면 산이 또 높은 것 같이 어려움의 끝은 좋은 일의 시작이라' 는 것이라고 한다. 그것을 종부는 "마음가짐을 잘하면 모두 잘된다"고 표현하였다. 차종부가 이런 마음을 지닌 사람이었으면 한다.

학봉종가가 앞으로 으뜸 종가가 되는 일은 종손에게 달려 있고, 좀 더 먼 미래의 으뜸 종가는 차종손 형호에게 또 형호의 맏아들에게 달려 있다. 그러나 학봉종가의 성쇠는 종손 혼자에게만 달린 일이 아니다. 학봉 문중에서 얼마나 보종의 책임을 감당하느냐가 또 하나의 관건이다. 문중 없는 종가가 있을 수 없듯, 종가 없는 문중은 아무런 의미가 없기 때문이다.

차종손 김형호

참고문헌

『서산선생문집』.
『선조실록』.
『학봉선생문집』.

경사회,『경사유방』.
국립문화재연구소 편,『종가의 제례와 음식 1』, 김영사, 2003.
도광순 편,『영남학파의 연구』, 병암사, 1998.
안동대학교 민속학연구소 편,『안동양반의 생활문화』, 안동시, 2000.
안동대학교 안동문화연구소 편,『안동 금계마을－천년불패의 땅』, 예문서원, 2000.
안동민속박물관 편,『안동의 지명유래』, 안동민속박물관, 2002.
안동시청 편,『검제 전통문화체험마을조성 기본계획 조사용역보고서』, 안동시, 2008.
의성김씨 금계문중,『검제마을』.
의성김씨대동보편찬위원회,『의성김씨대동보』, 1992.
이해영,『학봉 김성일의 생각과 삶』, 한국국학진흥원, 2006.
조용헌,『500년 내력의 명문가 이야기』, 푸른역사, 2002.
학봉선생고택,『400년을 이어온 학봉선생 고택의 구국활동』.
학봉선생기념사업회,『운장각』, 1987.
한국근대사연구회 편,『일제의 한국침략과 영남지방의 반일운동』, 1995.
한국학중앙연구원 편,『한국간찰자료선집12－안동 의성김씨 학봉(김성일)종택 편』, 2008.

강윤정,「정제학파의 현실인식과 구국운동」, 단국대학교 대학원, 2006.
권오영,「19세기 안동유림의 학맥과 사상」,『안동유림의 학맥과 민족운동』, 성균관대학교 대동문화연구원, 1999.

이정섭, 「학봉 김성일종손가소장전적-지정문화재 중심으로-」, 『계간서
    지학보 2』, 1990.